元国税局芸人が教える

わかる、得する!

超やさしい税金の教科書

よしもと芸人
ファイナンシャルプランナー　さんきゅう倉田

Gakken

はじめに

これまで、漫画やアニメの税金の取扱いをまとめた本や社会人として知っておくべきお金の知識をまとめた本を書いてきました。

そしてついに、税金についてわかりやすく綴った本を出すことになりました。

税金の制度は複雑です。たくさんある税金の名前だけでなく、その控除や特例まで覚えようと思ったらとてつもない記憶力と並外れた努力が必要です。

かといって、いちいちインターネットで調べるのは煩わしい。

でも、この本を本棚に備えておけば、「あれ、相続税ってどれくらいかかるのかな」とか、「子どもが学校に行く前におじいちゃんからお金をもらったとき税金かかるのかな」とか、「子どもに税金の話をしてあげたいけどどんな風に話そうかな」と考えたときに便利だし、ネット上の誰が書いたのかわからない確度の低い情報を得るより安心です。

買ってすぐ読む必要はありません。

本を読む理由はふたつです。娯楽として読むか、必要な情報を得るために読むか。

あなたが税金について調べることになったとき、本棚で待機していたこの本の角に指をかけてください。

さんきゅう倉田

みんなが支払っている主な税金一覧

全部は紹介しきれませんが、代表的な税金を挙げてみます！

国税　国に納める税金

直接税　納税する方が直接税金を納める

税金	内容	ページ
所得税	所得にかかる税金です。	36ページ
復興特別所得税	東日本大震災の復興のための特別税です。	42ページ
相続税	死亡した方から財産を受け継いだときにかかる税金です。	162ページ
贈与税	生前に財産を譲り受けたときにかかる税金です。	171ページ
法人税	会社などの法人にかかる税金です。	94ページ

間接税　納税する方が負担した税金を事業者が納める

税金	内容	ページ
消費税	物の購入、サービスの利用などにかかる税金です。	98ページ
酒税	お酒にかかる税金です。	114ページ
揮発油税（ガソリン税）	ガソリンにかかる税金です。	116ページ
たばこ税	たばこにかかる税金です。	118ページ

税目	内容	ページ
登録免許税	土地や建物を登記するときにかかる税金です。	121ページ
印紙税	特定の文書作成にかかる税金です。	120ページ

地方税 地方自治体に納める税金

直接税

税目	内容	ページ
住民税（県民税・市町村税）	前年の所得にかかる税金です。	92ページ
自動車税・自動車重量税	自動車を所有または登録したときに排気量や重量に応じてかかる税金です。	149ページ
不動産取得税	土地や建物を購入したときにかかる税金です。	122ページ
固定資産税	個人や法人などが所有する固定資産にかかる税金です。	124ページ
法人事業税	会社などの法人が行う事業にかかる税金です。	

間接税

税目	内容	ページ
地方消費税	消費税を支払うときにあわせて課税される都道府県税です。	
ゴルフ場利用税	ゴルフ場のコースでプレーするときにかかる税金です。	
入湯税	温泉施設などで入浴したときにかかる税金です。	180ページ

もくじ

Part 3

「消費」にかかる税金

Part 4

「財産」にかかる税金

Part 5

「相続・贈与」にかかる税金

＊本書の情報は、令和5（2023）年5月末時点のものです。
今後、変更となる場合がありますので、ご了承ください。

Part 1

税金のしくみと種類

このPartでわかること

Part1では、何のために税金を納めていて、どのようなことに使われているかなど、税金のしくみについて解説します。

●税金にはどのような役割があるのか
●税金は何に使われているのか
●税金にはどのくらいの種類があるのか

1-1

税金の役割

税金は何のために納めているの？

◆もし税金がなかったら、無料で提供されている公的サービスが有料になるなど、みんなが困ってしまいます。

みんなが使うものはみんなで負担する

税金を納めることは、勤労・教育とともに国民の三大義務の一つです。

日本国憲法第三十条にも、

「国民は、法律の定めるところにより、納税の義務を負ふ。」と記されています。

では、そもそも税金は何のために納めているのかご存知でしょうか。

それは、**税金が私たちの暮らしを支える財源となっている**からです。

国や地方自治体が国民や住民のみなさんに必要な公的サービスや公共施設を提供するためには、資金が必要です。たとえば、公園や一般の道路、交番、小学校などの施設は、無料または少額で利用できます。

こうしたところに税金が使われることによって、私たちは健康で文化的な生活を送ることができるわけです。

もし税金がなければどうなるでしょう。

救急車を利用するために高額な料金がかかる、ごみを収集してもらうたびに料金を請求される、教育費が高額になる、医療費が全額自己負担になるなど、暮らしていくのが困難な世の中になってしまうでしょう。

ⓘ ふだんはあまり意識していませんが、私たちは税金の恩恵を受けています。税金が「**生活していくための会費**」といわれるのはそのためです。

国の一般会計歳入額の内訳

（令和４年度）

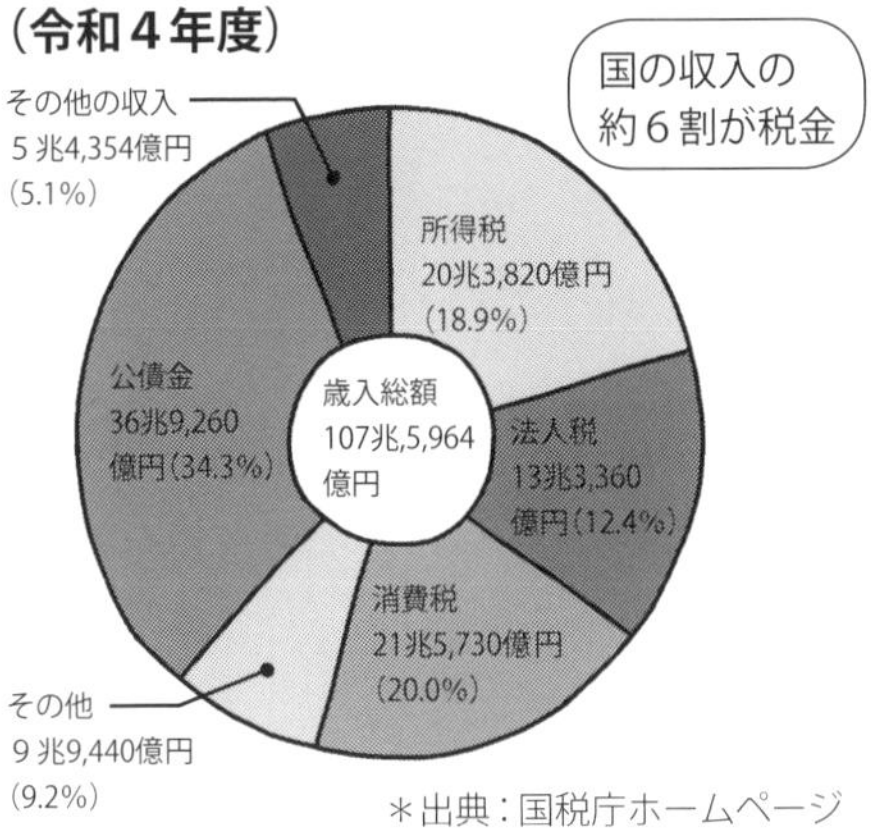

＊出典：国税庁ホームページ

このあたりは本当によくできたシステムだと感心しています。会費は、適正な額を定められた方法で正しく支払ってこそ会員として認められ、サービスを受けることができます。

社会の一員としてだれもが安心して暮らせるサービスを受けられるように、しっかり税金を納めましょう。

税金は「景気調整」や「経済政策の推進」にも役立っている

税金には、その他いろいろな役割があります。

①富の再分配

税金を支払う能力は、人によって異なります。所得や資産などが多い人、つまり税金を負担する能力の高い人にはより多くの税金を納めてもらい、負担する能力の低い人には税金を少なくしています。これは、国民の間の富の格差を縮め、社会の安定化・公平な社会秩序を維持するためです。

②景気調整

景気がよいときは所得が増え、それに伴って税収も増加します。逆に、不況になると所得が減り、税収も減少します。つまり、税金は民間の需要を自動的に調節するという景気の調整弁としての役割を担っているのです。

また、景気調節のため、不景気のときは減税、好景気のときは増税という手段がとられることがあります。さらに、景気対策の一環として、減税や設備の増設に特別償却を認めるなど、消費や投資の促進を図ることで景気を刺激する役割も担っています。

どうですか！　税金ってとても重要なものだと思いませんか。それなのに、「できるなら税金は納めたくない」と思ってしまう人が多いのは、どうしてなのでしょうか。

③経済政策の推進

税金には、経済政策の手段としての役割があります。租税特別措置法によって、特別償却や税金免除の税額控除、早期償却などのほか、軽減税率などを取り入れることによる減税措置などによって、経済政策を補充することができます。

④国内産業の保護

輸出を促進するため、輸出に対して減税したり、輸入を増やした業者に対して税の特典を与えたりするという役割があります。また、外国からの輸入に関税を課すことで、海外産業から国内産業を保護する役割もあります。

税金を払いたくない気持ちが生まれる理由

私たちは、お金さえ支払えばタワーマンションだって手に入るし、高級車のオーナーになることも可能です。お金を支払うことで、同等価値のものを手にしているわけです。

しかし、税金の場合は、多く納めたからといって自分の家の前の道路だけが立派になることはありません。それが税金を払いたくないという気持ちにさせる要因になっているのかもしれません。

ですから、政治家がもっと発信力を高めて、税金が私たちの生活を支えるために役立っていることを国民にアピールするべきだと思います。

1-2

税金の用途

税金は何に使われる？

◆税金の使いみちは、毎年それぞれの省庁からの希望を聞いて予算案を作成し、国会での審議を経て決まります。

税金の約3割は社会保障関係費に使われている

国の一般会計歳出額の内訳によると、社会保障関係費・国債費・地方交付税交付金等で税金の3分の2以上が使われています。

①社会保障関係費

公的年金や医療、福祉などに使われる費用です。

一例を挙げると、私たちが病気やけがをしたときに支払っている医療費は3割が自己負担で、残りの7割は社会保障関係費から出ています。

国の一般会計歳出額の内訳

（令和４年度）

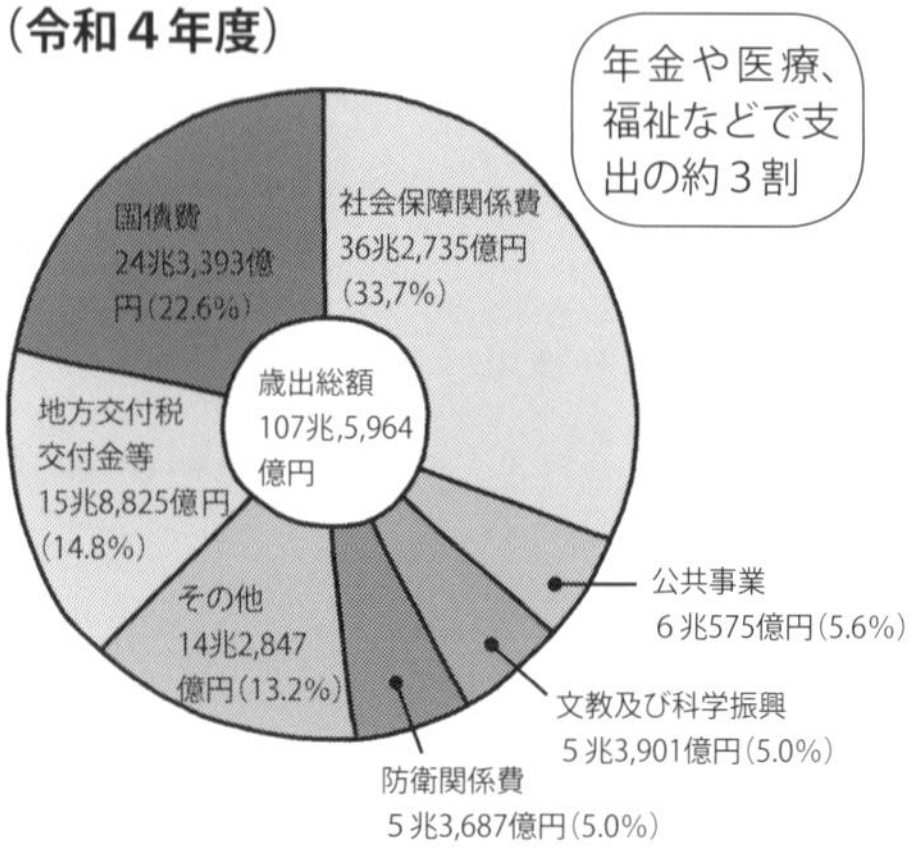

＊出典：国税庁ホームページ

②国債費

国債は、わかりやすくいうと国の借金です。お金を借りたり返済したりするための費用が国債費になります。

国債の発行残高は増え続け、**令和4（2022）年度末には1000兆円を突破**しました。この状態が続くと、やがて借りたお金を返せない状態になってしまいます。日本は現在、深刻な財政赤字を抱えているため、何らかの解決策を見つけることが急務です。

借金は利息を支払うだけでもたいへんです。

納めた税金がどのように使われているのか、関心がある人はどのくらいいるでしょう。

とくに会社員の方は給与から税金が天引きされているため、納税の意識が薄れやすくなります。日頃から税金の使いみちに関心をもつことが、税金のむだづかいを減らすことにつながると思います。

③地方交付税交付金等

全国の都道府県や市区町村は、日常生活に欠かせない公的サービスを提供しています。その財源が、地域の自治体に納める「地方税」です。

各自治体の財政力は、その地域の経済状況などによって違いがあります。そこで、公的サービスに格差が生じないように国が支出しているのが「地方交付税交付金等」です。

(!) 日本のどこに住んでいても一定水準のサービスを受けることができるのは、この交付金のおかげです。

④公共事業費

道路や橋、ダム、災害復旧など、公共施設の整備を行うための費用です。

公共事業にはむだが多いという指摘から、２０００年代に入ってから削減される傾向にありましたが、東日本大震災の発生や施設の老朽化対策などもあり、再評価されつつあります。

住民サービスの内容は、自治体によって異なります。子育て支援が充実している自治体もあれば、福祉に力を入れている自治体もあります。これからは、ライフスタイルに応じて住む場所を選ぶことも、賢く生きる手段の一つといえるでしょう。

文化・教育のこと。

⑤文教及び科学振興費

学校教育、科学技術などに関する費用です。

具体的には、公立小・中学校の教員の給与や教材費などに国が支出する「義務教育費国庫負担金」、ライフサイエンスをはじめとする基礎的研究のほか、宇宙開発、海洋開発、コンピュータなど、情報通信（ＩＴ）の研究開発などの推進のための「科学技術振興費」などがあります。

⑥防衛関係費

自衛隊の装備品購入費、隊員の人件費など、日本の防衛に必要な費用です。

防衛費は、自衛隊が発足して以来、国内総生産（ＧＤＰ）の１％以内とされていましたが、令和４（２０２２）年末、岸田首相は防衛力強化のために、令和９（２０２７）年度に防衛費をＧＤＰ比２％に増額することを明言しました。その財源確保のために増税を検討していることを述べたこともあり、大きなニュースになりました。

どうなる？　「防衛費」の増額

「国債」「防衛費」については意見が分かれますが、国や地方公共団体が行う公共事業をはじめ、年金・医療・福祉などの社会保障、教育や科学技術発展のための文教・科学振興などには多くの費用が必要になります。その財源になっているのが税金なのです。

1-3

税金の種類と分類

税金にはどんなものがある？

◆税金というと消費税や所得税、住民税を思い浮かべることが多いでしょう。その他にも、まだたくさんあります。

税金には3つの分類方法がある

税金はそれぞれ単体で設定されているわけではなく、それぞれが関連し合い、体系的に形成されています。

①納税先による分類

税金をどこに納めるかによる分類で、国に納めるのが「**国税**」、地方公共団体に納めるのが「**地方税**」になります。

具体的には、所得税、法人税、消費税、相続税、贈与税などは国税、住民税や事業税などは地方税です。

②税金の納め方による分類

「**直接税**」と「**間接税**」があります。

直接税は、税金を納める人（納税者）と税金を負担する人（担税者）が同一である税金です。直接税には、所得税、法人税、相続税、贈与税、住民税、固定資産税などがあります。

それに対して間接税は、税金を納める人と税金を負担する人が異なる税金です。たとえば、店で商品を購入したとき、消費者は消費税を上乗せした代金を支払いますが、消費税は預かり金で、実際に納めるのは小売店などの事業者です。税金を納める人と税金を負担する人が異なるので、消費税は間接税になるわけです。

その他、酒税、たばこ税、関税なども間接税になります。

③課税対象による分類

個人や会社の所得に対して課税することを「**所得課税**」といい、所得税や法人税がその代表です。

消費税、酒税やたばこ税など、物品の消費やサービスの提供などに対して課税することを「**消費課税**」、相続税や固定資産税など、資産などに対して課税することを「**資産課税等**」といいます。

所得税は国税であり直接税であり所得課税、消費税は国税であり間接税であり消費課税でもあります。このあたりが「税金＝ややこしい」と思ってしまう要因の一つかもしれません。

税金の分類（納税先・課税対象による）

分類	国税	地方税
所得課税	●所得税　●法人税 ●地方法人税 ●特別法人事業税 ●復興特別所得税	●住民税　●事業税
消費課税	●消費税　●酒税 ●たばこ税 ●たばこ特別税 ●揮発油税 ●地方揮発油税 ●石油ガス税 ●航空機燃料税 ●石油石炭税 ●電源開発促進税 ●自動車重量税 ●国際観光旅客税 ●関税　●とん税 ●特別とん税	●地方消費税 ●地方たばこ税 ●ゴルフ場利用税 ●軽油取引税 ●自動車税（環境性能割・種別割） ●軽自動車税（環境性能割・種別割） ●鉱区税 ●狩猟税 ●鉱産税 ●入湯税
資産課税等	●相続税　●贈与税 ●登録免許税 ●印紙税	●不動産取得税 ●固定資産税 ●特別土地保有税 ●法定外普通税 ●事業所税 ●土地計画税 ●水利地益税 ●共同施設税 ●宅地開発税 ●国民健康保険税 ●法定外目的税

「垂直的公平」と「水平的公平」という考え方

税金は、公平に負担するのが原則です。

その根本が「垂直的公平」「水平的公平」という考え方で、直接税(垂直的公平)と間接税(水平的公平)の違いになります。

垂直的公平は、高収入の人ほどより多くの税金を納めるのが公平である、という考え方です。直接税は、垂直的公平を図るのに優れているとされています。**収入の高低によって納税額が決まる**ので、ある程度、貧富の差を解消することができます。また、不景気などで所得が減少したときは納める税金も少なくなるのでとても助かります。

一方、間接税は水平的公平で、税率が一律に決まっています。たとえば、同じ商品を購入したときは、**だれでも同じ額の税金を支払う**ことになります。そのため、低所得者の負担が増えるといったリスクがあります。

その対策として、令和元(2019)年の消費税の引き上げに伴い、食料品など、生活するために最低限必要なものについては、消費税を軽減する「軽減税率」が採用されました。

垂直的公平のイメージ

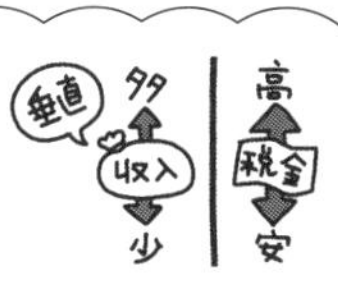

1-4

税金の納付方法

税金はどのように納める？

◆税金は定められた期限までに納めなければなりません。自分に合った利用しやすい方法を選んで納付しましょう。

窓口からコンビニまで、意外と多彩な納付方法

国税である消費税や所得税は確定申告の際に税務署へ納付しますが、その方法にはいくつか種類があります。住民税などの地方税は自治体によって納付方法が異なりますので、事前に確認しておきましょう。

①窓口納付

郵便局や銀行などの金融機関の窓口（国税は税務署の窓口でも可）で税金を納付する方法です。金融機関などに用意されている納付書に税目・申告区分・自身の情報などの必要事項を記入して窓口で納付します。手数料はかかりませんが、クレジットカードや電子マネーが使えないため、現金を用意する必要があります。

②振替納付

事前に口座振替の手続きを行うことで、

税金を指定口座から自動引き落とし

してくれる制度です。電気代やガス代などの公共料金の自動振替と同じです。同一の税目であれば、一度手続きをすれば次回以降は自動納付となるので、納付の手間がかかりません。また、他の納付方法に比べて納付期日が1か月遅いため、確定申告から納付までに余裕があります。

③電子納付

オンラインで納付する方法で、「ダイレクト納付」と「インターネットバンキング・モバイルバンキング」の2種類があります。どちらも**国税庁が提供しているe-Taxを利用**して手続きします。

電子納付は、ネット環境があれば場所や時間にとらわれずに納付ができ、手数料がかからないのがよいところです。一方で、事前に税務署の窓口やインターネットからサービスの利用開始手続きが必要なうえ、パソコン操作やe-Taxのシステムに慣れていないと手間がかかってしまいます。

④クレジットカード納付

国税庁の専用サイト「国税クレジットカードお支払サイト」にアクセスして税金を納付する方法です。事前手続きの必要がなく、クレジットカードと必要情報だけで利用できるという利便性に加え、分割払いやリボ払いの選択が可能です。

納税額が比較的大きく、一括納税ができないときにはおすすめです。ただし、納税額がクレジットカードの上限額を超えた支払いはできません。クレジットカードのポイントは加算されますが、カード決済手数料がかかるので、お得感はあまりないと思います。

⑤スマホアプリによる納付

令和4(2022)年12月1日から利用がスタートした納付方法です。スマートフォン決済専用のWebサイト(国税スマートフォン決済専用サイト)からスマホアプリ決済で納付します。PayPay、d払い、au PAYなどに対応しています。ふだん利用しているスマホアプリがあれば、場所や時間を選ばずに納付することができます。ただし、一度の納付での利用上限額(30万円)があります。**納税通知書が届いたらすぐに納付できるのでとても便利**です。

⑥コンビニ納付

バーコード付納付書、QRコードを利用する納付方法です。QRコードは、国税庁の確定申告書等作成コーナーやコンビニ納付用QRコード作成専用画面、e-Taxから作成します。身近なコンビニで納付ができるので利便性が高く、**ちょっとした買い物のついでに利用**でき、手数料もかかりません。クレジットカードや

QRコードはデンソーウェーブの登録商標です。

電子マネーが使えないため、現金などを事前に用意する必要があります。また、利用上限額（30万円）があります。

それぞれの納付方法の便利なこと、不便なこと

納付方法	便利なこと	不便なこと
窓口納付	●事前の準備がいらない ●手数料がかからない	●現金が必要である ●営業時間を過ぎると当日納付できない
振替納付	●初回以降は自動となる ●期日を遅くできる	●事前に申請が必要である ●残高不足となるおそれがある
電子納付	●金額を決めて納付できる ●パソコンやスマホで納付できる	●事前に申請が必要である
クレジットカード納付	●事前に申請の必要がない ●分割払いができる	●手数料がかかる
スマホアプリによる納付	●事前に申請の必要がない ●スマホの決済アプリで簡単に納付できる	●上限額がある
コンビニ納付	●手軽である ●手数料がかからない	●クレジットカードなどが使えない ●上限額がある

納税方法が便利になるというのは、納税率を上げる手段としても有効です。スマホアプリ納付への対応が早かったのは、非常によいことだと思います。

1-5

節税の考え方

税金は安くすることができる？

◆フリーランスの方は、毎年確定申告をしなければなりません。虚偽申告があると罰則がありますので、税金についてまず勉強しておくことが必要です。

お金に関する制度を勉強して利用する

「税金を減らす方法を教えてください」

よく聞かれることですが、その質問にはお答えできません。そのような税務相談を税理士以外の人が行うと、たとえ無料であっても違法になるからです。

一ついえることは、**お金に関する制度を知ること**です。

税金をごまかすことはできませんが、**税の優遇制度を利用する**ことは可能です。そういう制度が用意されているのに利用しないのは、明らかに損でしょう。

脱税と節税はまったく違う

支払う税金を少しでも減らしたいと思うのなら節税をするべきですが、ルールに則って行わなければいけません。手元にお金を残したいからといってルール違

たとえば、
iDeCo（イデコ）や
NISA（ニーサ）です。

反をすると、「脱税」になってしまいます。

脱税と節税は明らかに違います。少しでも納める税金を減らすという目的は同じですが、法律の範囲内でできるだけ納める税金を減らすのが節税、法律を逸脱して納める税金を減らすのが脱税です。

正しい申告をしていれば何の問題もない

脱税で圧倒的に多いのは、売上の除外と経費の水増しです。

申告・納税のペナルティー

延滞税

期限までに納付しなかった場合にかかる

納付税額の年 14.4%、2か月以内は年 7.3%（ともに原則として）

過少申告加算税

申告した税額が少なかった場合にかかる

新たに納める税額の 10 ～ 15%
＊自主的な修正申告にはかからない

無申告加算税

申告しない場合にかかる

納付税額の 15~20%
＊自主的な修正申告では 5 %

重加算税

所得を仮装したり隠したりするなど悪質な場合にかかる

増加した税額に対して 35 ～ 40%
＊さらに重い罰則が加わる場合がある

売上の除外は、本来は計上しなければいけない売上を意図的に申告しないですますことです。経費の水増しは、経費を意図的に増やしたり、本来は存在しない経費を勝手につくったりすることです。万が一脱税が発覚した場合は、**重いペナルティーが科せられます**。

税務調査についてもひと言。

税務調査が入るのは一部のお金持ちだけと思っている方も多いかもしれませんが、そんなことはありません。たとえ少額でも売上を隠した事実が判明すれば徹底的に調べられ、延滞税や加算税の対象になることもあります。そうなると、本来納める税金に延滞税や加算税が追加され、結局、支払う税金が増えてしまうことにもなりかねません。

高い税金を好きで納めている方はいないと思います。**税金は必要なものだから支払っているだけ**です。合法的な範囲で節税をすることが大切になります。

Part 1のまとめ

税金は生活していくための会費であり、暮らしを支える財源です。みんなが必要なものであることを理解しましょう。

- **税金のつかいみちは国会で審議されて決まる**
- **「納税先」「納め方」「課税対象」による分類がある**
- **納付の方法は窓口・振替などいろいろと選ぶことができる**

Part 2

「所得」にかかる税金

このPartでわかること

Part 2では、収入と所得の違いから、控除の種類、確定申告のしくみ、必要経費まで、所得税について解説します。

- 所得税はどのように算出するのか
- 所得控除にはどのようなものがあるのか
- 確定申告が必要なのはどのような場合か

2-1

所得って何?

所得の意味と種類

◆収入と所得の違いをご存知ですか? 税金を学ぶうえで基本になりますので、しっかり覚えましょう。所得は、その性格ごとに10種類に分けられます。

収入と所得の違い

収入と所得は同じ意味のように思っている方もいるようですが、税法上ではまったく違います。

収入は、その人の手元に入ってくるお金の総額のことをいいます。

対して所得は、収入から必要経費を引いたものです。

会社員の場合は、定められた控除額を差し引いた額が所得金額となります。公的年金をもらっている方も同様です。

所得税は所得に対してかかるものです。

ここでは、収入にかかるものではないことを覚えておいてください。

収入 − 必要経費 = 所得

所得は10種類に分けられる

①給与所得

会社員やアルバイト、パートタイマーなどが、勤務先から受け取る給与、賞与です。

②退職所得

いわゆる退職金のことです。税金の計算では、退職金は通常の給与や賞与とは異なり、退職所得として扱われます。

③利子所得

国債や地方債、社債の利子、預貯金の利子、公社債投資信託の収益の分配などによる所得のことです。利子所得は対象が限られています。個人がだれかにお金を貸したときに発生する利子、銀行などの金融業者がお金を貸し付けたときに得られた利子などは利子所得には含みません。

④配当所得

株式の配当や出資の剰余金の分配など、収益分配金として得られる所得のことです。株式売買による利益は、配当所得ではなく譲渡所得になります。

⑤譲渡所得

所有している土地や建物を売却したときの収益です。譲渡所得は、譲渡した物の種類や保有期間によって税金の計算方法や課税方法が細かく分かれます。

⑥不動産所得

土地の賃貸料やマンション、アパートの家賃など、土地や建物を貸すことで得られる所得のことをいいます。つまり、不動産を貸し出した収益だけがその対象になるのです。譲渡所得と混同しやすいので注意してください。

⑦事業所得

農業、漁業、製造業、サービス業など、事業で生じる所得です。自営業や独立開業しているフリーランスの方の収益は事業所得になります。フリーのWebデザイナー、フリーライター、イラストレーターの報酬、YouTuberやアフィリエイターの広告収入なども、それを本業としているのであれば事業所得の対象です。

⑧山林所得

山林を伐採して売る、または立木のまま売って得られる所得をいいます。ただし、山林を取得してから売り渡すまでの期間が5年以内のときは事業所得や雑所得に、山林を山ごと譲渡する場合の土地部分は譲渡所得となります。

⑨一時所得

生命保険の一時金や損害保険の満期返戻金、競馬などの払戻金、懸賞や福引の賞金品、賃貸物件の立退料など、偶発的に得られる所得をいいます。

⑩雑所得

①〜⑨に当てはまらない所得です。公的年金(国民年金や厚生年金の老齢年金)、副業による所得、講演料、生命保険契約による年金などが雑所得になります。

ひと目でわかる！　所得の区分

代表的なもの

給与所得	退職所得
給与 賞与	退職金
利子所得	**配当所得**
預貯金の 利子	株式の 配当金
譲渡所得	**不動産所得**
土地の 売却金	家賃
事業所得	**山林所得**
自営業の 利益	立木の 売却金
一時所得	**雑所得**
競馬の 払戻金	公的 年金

2-2

所得税の内容

所得税ってどんなもの？

◆所得税は、所得が多い人ほどたくさん支払うしくみになっています。賛否はあるかと思いますが、「税は公平に負担する」という考え方が根本にあります。

所得税は収入に課税されるわけではない

所得税は、**会社からもらう給与や自分で商売をして稼いだお金などにかかる税金**です。

課税対象になるのは、収入ではなく所得に対してです。所得は収入から必要経費を引いたものであることは前項で述べましたが、必要経費は収入を得るために発生した支出のことをいいます。

具体的には、パソコンやスマートフォンの購入費・通信費、取引先の元へ行くための交通費などが含まれます（必要経費については80ページをご覧ください）。

（必要経費については80ページをご覧ください）

収入と必要経費が同額だった場合は、所得は０円となります。

努力しても損するばかり？　累進課税制度ってどうなの

日本では、高所得の方ほど多くの税金を支払う「**累進課税制度**」を採用しています。正確にいうと、所得が一定の基準を超えた分について税率が上がっていく「**超累進課税**」で、所得税、相続税、贈与税がこの方式です。

これは「所得に応じて公平に課税する」という応能負担の考え方がベースになっていて、富の格差が生じにくいという利点があります。

しかし、努力してたくさん稼いでもその分、税金も高くなってしまうことで労働意欲が損なわれ、経済活動が弱まるという声も一部にあります。

また、(!)実質的な所得が変わらなくても、結果として納税額が増えてしまうといった問題もあります。

インフレやデフレになると物の値段が上がります。そうすると、財布の中から出ていくお金が多くなり、手元に残るお金も減ります。つまり、損をするわけです。

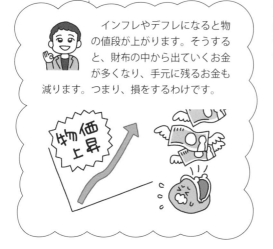

「申告納税制度」と「源泉徴収制度」

所得税の納付方法は、申告納税制度と源泉徴収制度の2種類があります。

申告納税制度は、**税金を納める方ご自身が税務署に所得などを申告して税金を納付する方法**です。所得税や法人税、相続税、贈与税などの国税と、法人住民税などの地方税で採用されています。

申告納税制度は、納税者自身が正しい申告と納税をすることが前提になっていますが、実際は納税者が申告しなかったり(し忘れたり)、意図的に所得をごまかして申告したりする人もいます。そのため、青色申告制度や各種の加算税制度、租税罰則制度などが設けられるとともに、適切な税務調査などを行うことによって、適正な申告納税が確保されるようになっています。

源泉徴収制度は、**事業者が従業員の給与からあらかじめ所得税を天引きして納付する方法**です。会社員の場合は、源泉徴収制度で所得税を納付しています。

事業者が本人の代わりに納めた所得税のことを源泉所得税といいます。給与以外にも、利子や配当、退職金、一部報酬などは源泉徴収の対象です。

天引きした所得税は税務署へ納付され、税金を多く納めていれば年末調整でその分が戻ってきます（還付）。反対に、納税額が少ないときはその分を支払うこともあります（追徴）。給与明細書を見てもらえば、所得税が差し引かれていることがわかるはずです。

国税局側から見た源泉徴収のメリット

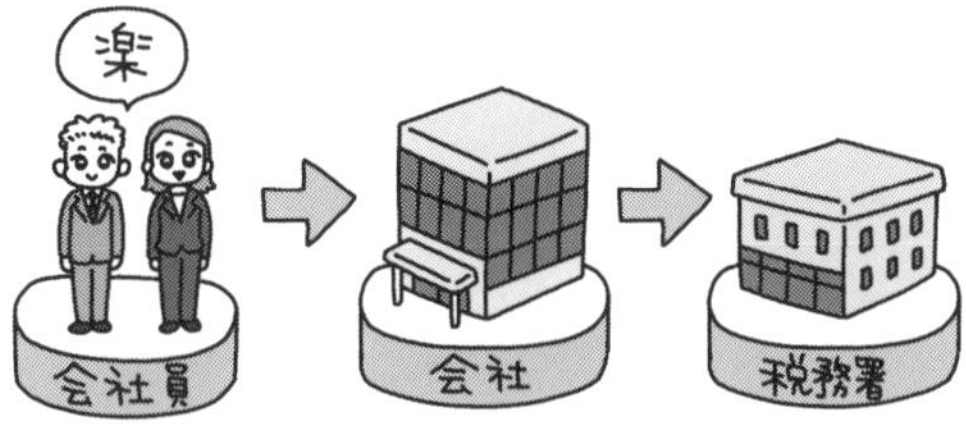

手続きの簡素化とコスト削減につながる。

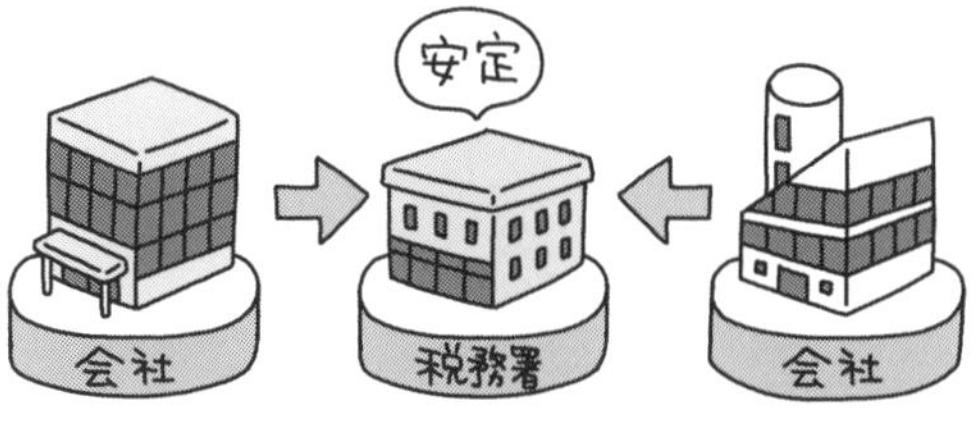

税収を安定して得ることができる。

申告漏れを防ぐことができる。

納税する側にとっても、年末調整をするだけで所得税の申告・納付の手続きが不要になるというメリットがあります。

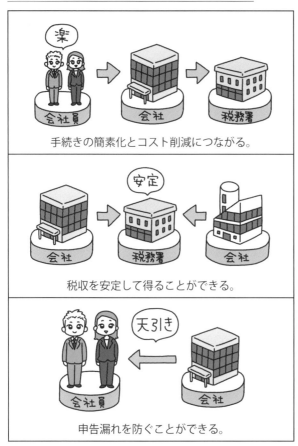

2-3

所得税の計算方法

所得税はどのように出す？

◆所得税の計算は意外と面倒です。個人事業主など、確定申告が必要な方は、そのしくみを覚えておきましょう。

所得税額は所得の種類によって計算方法が決まっている

所得税の税額は、**原則として総合課税で求めますが、一部の所得については分離課税で算出**します。どちらの方法で計算するかについては、所得の種類によって決まっています。

総合課税は、その年に得た所得を合計し、所得税の税率から税額を出す計算方式です。

分離課税は、他の種類の所得と合算せずに、所得ごとに税率を掛けて税額を出す計算方式です。税額を出して確定申告する「申告分離課税」が原則ですが、所得税を源泉徴収する「源泉分離課税」の場合もあります。源泉分離課税は、あらかじめ所得税が天引きされているので、確定申告する必要はありません。

所得によって
なぜ課税方法が異なるの？

たとえば、退職金など一時的に大きな収入を得た場合、他の給与所得や事業所得と合算して課税してしまうと納税額が多くなりすぎるため、単独の所得として計算することで税負担を軽くしているのです。

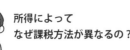

所得の種類別 所得税額の計算方法

総合課税で計算する所得		
1	利子所得	＊源泉分離課税とされるもの、及び平成28(2016)年１月１日以後に支払いを受けるべき特定公社債等の利子等を除く。
2	配当所得	＊源泉分離課税とされるもの、確定申告しないことを選択したもの、及び平成21(2009)年１月１日以後に支払いを受けるべき上場株式等の配当について申告分離課税を選択したものを除く。
3	不動産所得	
4	事業所得	＊株式等の譲渡による事業所得を除く。
5	給与所得	
6	譲渡所得	＊土地・建物等、及び株式等の譲渡による譲渡所得を除く。
7	一時所得	＊源泉分離課税とされるものを除く。
8	雑所得	＊株式等の譲渡による雑所得、源泉分離課税とされるものを除く。
分離課税で計算する所得		
1	利子所得・配当所得のうち、源泉分離課税としない所得	
2	退職所得	
3	山林所得	
4	株式・建物・土地などの譲渡所得	

所得税額の出し方を覚えておこう

支払う所得税額は、一定の手順に従って算出します。

まず所得金額を出し、次に課税される所得金額を計算します。その後、課税される所得金額に応じた所得税の税率を掛けてから控除額を引き、所得税額を出します。

所得税の税率は、課税される所得金額によって税率が変動する方式が採用され、５%～45%の７段階になっています。

なお、平成25（２０１３）年１月１日から令和19（２０３７）年12月31日までの所得についての確定申告は、所得税と復興特別所得税をあわせて申告・納付します。復興特別所得税は、東日本大震災からの復興に必要な財源を確保するための特別税です。

所得税の税率と控除額

課税される所得金額	税率	控除額
1,000円 ～ 194万9,000円	5%	0円
195万円 ～ 329万9,000円	10%	9万7,000円
330万円 ～ 694万9,000円	20%	42万7,500円
695万円 ～ 899万9,000円	23%	63万6,000円
900万円 ～ 1,799万9,000円	33%	153万6,000円
1,800万円 ～ 3,999万9,000円	40%	279万6,000円
4,000万円以上	45%	479万6,000円

＊出典：国税庁ホームページ

所得税額の計算方法

[1] 所得金額を出します。

収入金額 － 必要経費 ＝ 所得金額

[2] 課税される所得金額を出します。

所得金額 － 控除金額 ＝ 課税される所得金額

[3] 所得税額を出します。

課税される所得金額 × 税率 ＝ 所得税額

[4] 基準所得税額を出します。

所得税額 － 税額控除金額 ＝ 基準所得税額（所得税額から差し引かれる金額を差し引いた後の所得税額）

[5] 復興特別所得税額を出します。

基準所得税額 × 0.021(2.1%) ＝ 復興特別所得税額

[4]の基準所得税額と[5]の復興特別所得税額を申告・納税します。

所得税がかからない所得だってある

すべての所得が所得税の対象になるとは限りません。

年金や保険など、受け取る方の事情に配慮する場合や、通勤手当の一部など実費の場合は、所得税がかからない非課税になります。

公的なものでは、障害年金や遺族年金、健康保険や国民健康保険、共済組合などから受け取る保険給付、児童手当や生活保護で支給されるお金は非課税です。損害保険金や損害賠償金を受け取ったときも課税対象にはなりません。

身近なものでは、**宝くじやサッカーくじの当選金も非課税**です。対して競馬、競輪、オートレース、ボートレースなどの払戻金については、一時所得として確定申告が必要になる場合があります。

フリマアプリの収入はどうなるのでしょうか。

自宅で使用している衣類や家具、書籍などの「生活用動産」を売って得た収入は非課税です。

一方、30万円を超える高級品(骨董品や高価な貴金属類)をオークションで売却したときの収入は課税対象になります。

> フリマアプリは、「何を売って得た収入か」によって確定申告の要否が決まるので注意しましょう。

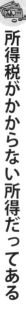

2-4 控除の意味と種類

控除って何？

◆控除はとてもありがたい制度です。控除が多いほど支払う税金が減りますので、そのしくみを覚えておきましょう。

申告する方の経済事情を税金に反映させるのが控除

確定申告している方は、医療費控除、生命保険料控除などはご存知かと思います。

控除は「金額を差し引く」という意味のことばで、簡単にいうと税金が安くなる制度です。

なぜ控除が必要かというと、**個人的な経済事情を税金の計算に反映させるため**です。

納税者一人ひとりに寄り添ったよくできた制度だと思います。

所得税には、所得が対象になる所得控除と、所得税額が対象になる税額控除の2種類があります。

所得控除と税額控除のイメージ

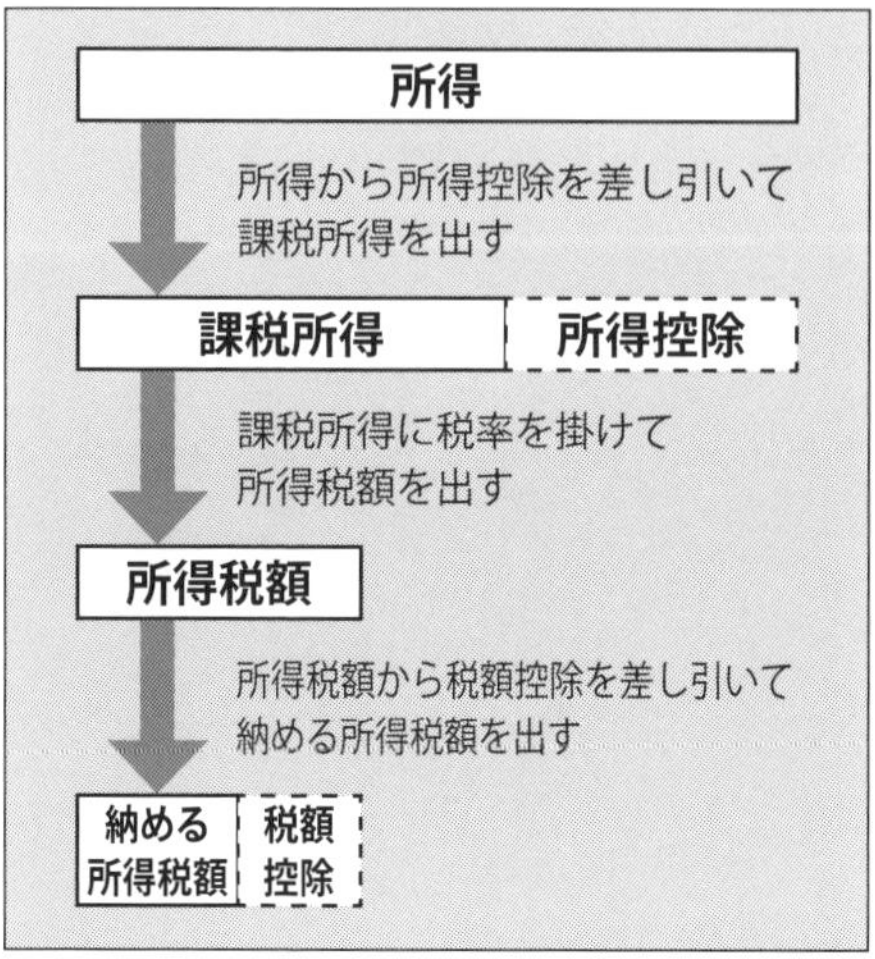
所得
所得から所得控除を差し引いて課税所得を出す
課税所得
所得控除
課税所得に税率を掛けて所得税額を出す
所得税額
所得税額から税額控除を差し引いて納める所得税額を出す
納める所得税額
税額控除

所得控除は全部で15種類ある

所得税は、所得金額から一定の金額を差し引いて計算します。その差し引くものが所得控除です。

会社員の方の場合は年末調整をするので、基本的に確定申告をする必要はありません。しかし、医療費控除、雑損控除、寄附金控除の3つについては、会社員の方も確定申告をして所得控除を受けなければなりません。**所得控除の金額が多いほど、納める税金（所得税額）は少なくなります。**

15種類ある所得控除のくわしい説明は、次項からしていきます。

税額控除の適用を受けるには確定申告が必要

税額控除は、所得税額から一定の金額が控除されるものです。住宅借入金等特別控除や配当控除など生活に身近なものも多いので、自分が該当するかどうかを確認しましょう。

ただし、税額控除の適用を受けるためには確定申告が必要です。一定の書類の提出が必要となる場合も多いので、準備を忘れないようにしてください。

税額控除の種類

配当控除	総合課税で、国内株式等の確定申告をした場合に適用される。
分配時調整外国税相当額控除	外国の投資信託の分配等があるときは、その年分の所得税額や復興特別所得税額からその外国所得税額が控除される。
外国税額控除	外国の法令によって所得税に当たる租税を納めた人に適用される。
住宅借入金等特別控除	金融機関を通じて住宅ローン等を利用した場合に適用される。
住宅耐震改修特別控除	住宅耐震改修をした場合に適用される。
住宅特定改修特別税額控除	バリアフリー改修工事、省エネ改修工事、多世帯同居改修工事などのリフォーム工事をした場合に適用される。
政党等寄附金特別控除	政治活動の一環として政党や政治資金団体などに一定額の寄附を行った場合に適用される。
認定 NPO 法人等寄附金特別控除	認定 NPO 法人等に一定の寄附金を支払った場合に適用される。
公益社団法人等寄附金特別控除	公益社団法人等に一定の寄附金を支払った場合に適用され、一定額を控除される。
中小企業者が経営力向上設備等を購入、取得したときの所得税額に対する特別控除	青色申告者である中小企業者が、新品の経営力向上設備等などを購入または取得し、事業に利用した場合に適用される。
試験研究費の総額に係る所得税額の特別控除	必要経費として認められる試験研究費がある場合は、所得税額から控除される。
エネルギー環境負荷低減推進設備等を取得した場合の所得税額の特別控除	青色申告者が、新品のエネルギー環境負荷低減推進設備などを取得し、事業に利用した場合に適用される。
雇用者給与等支給額が増加した場合の所得税額の特別控除	青色申告者で、国内の雇用者への給与支給額が規定の額以上増えた場合に控除される。

税金を多く納めても、税務署からその旨の連絡があるわけではありません。また、自分自身で控除の対象になるのかを判断して申請を行わないと損をしてしまいます。だから、税金は知らないより知っておくほうが断然お得になるわけです。

2-5

所得控除①

雑損控除

◆自然災害などで財産を失ったときは、所得控除の対象になる場合があります。雑損控除や災害減免法はそのための制度です。

災害、盗難、横領による損失は控除の対象

長い人生において、地震や台風などの自然災害、盗難、横領によって思わぬ損害を被るリスクはゼロとはいえません。

そのようなときに頼りになるのが雑損控除です。

雑損控除を受けるためには、次の要件に当てはまらなければなりません。

①損害を受けたのが「**通常の生活に必要な財産**」であること

②損害の原因が**震災や火災、盗難、横領など**であること

別荘、貴金属や骨董品など、1個30万円を超えるようなぜいたく品、事業用の資産は雑損控除を受けられません。詐欺や恐喝などによる損害も対象外です。

損失金額が多い場合は、翌年以降、最長3年間にわたって控除を受けることができます。

雑損控除の対象になるもの、ならないもの（一例）

台風で自宅に損害が出た	自宅に泥棒が入った
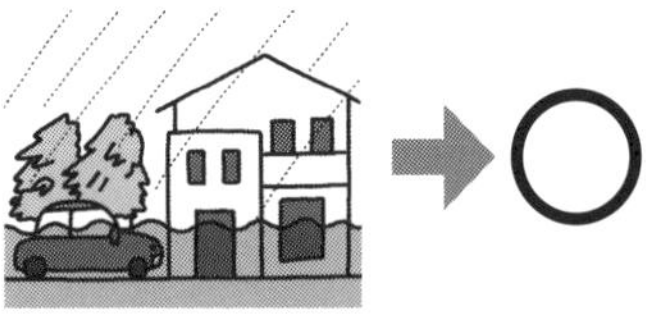	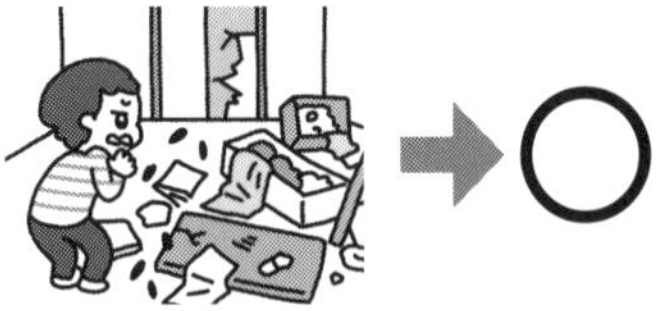
地震で別荘が倒壊した	振り込み詐欺の被害に遭った
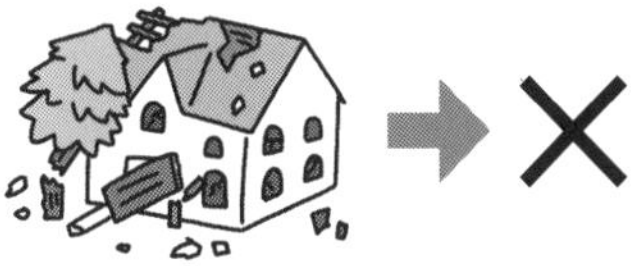	

雑損控除の控除額

次のうち、どちらか多いほうを選択します。

（1）**差引損失額（損害額＋災害関連支出額）－総所得金額×10%**

（2）**差引損失額のうちの災害関連支出額－５万円**

＊災害により損害を受けた住宅・家財などを取り壊したり除去したりする費用や、修繕費など原状回復にかかった費用のこと。

災害減免法は地震、台風、火災などの災害だけが対象

地震、台風、火災などの災害によって住宅や家財に損害を受けた場合は、災害減免法を活用できる可能性があり、所得税の軽減免除を受けることができます。

災害減免法の適用要件

その年の所得金額の合計額が1000万円以下の納税者、または納税者と生計を一にする配偶者やその他の親族（その年の総所得金額等が48万円以下）が所有している住宅、または家財で、損失額が2分の1以上である場合に適用されます。

また、災害減免法は、雑損控除のように翌年以後の繰越しはできません。

雑損控除や災害減免法は、主に自然災害に対する支援制度（所得税の軽減または免除）ですが、併用はできません。どちらか有利なほうを選んで活用してください。

災害減免法の控除額

その年度の所得金額	所得税の軽減額
500 万円以下	全額
500 万円超 ～ 750 万円以下	2分の1
750 万円超 ～ 1,000 万円以下	4分の1

2-6 所得控除❷

社会保険料控除・医療費控除

◆社会保険料は、支払った全額を控除することができます。医療費控除は、1年間に支払った金額が基準を上回れば利用可能です。

家族のために支払った社会保険料も控除の対象

社会保険料控除は、1年間に支払った社会保険料の全額を所得金額から差し引くことができる制度です。納税者と生計を一にする配偶者、その他の親族の負担すべき社会保険料を支払った場合も対象になります。

控除されるのは、会社員の方の給与から天引きされる健康保険料、厚生年金保険料、雇用保険料のほか、退職後に任意継続している社会保険料、国民健康保険料、国民年金保険料、介護保険料、後期高齢者医療保険料などがあります。

国民年金保険料を前納している場合は、全額控除することができます。2年分を前納した場合も同様ですが、1年分ずつ控除することも可能です(内訳証明書の添付が必要)。国民年金保険料は、過去にさかのぼって支払った場合でも、その年の控除対象にすることができます。

(!)同じ財布で生活しているという意味です。

社会保険料を支払った方なら控除が受けられる

社会保険料控除は、保険料を支払ったすべての方が利用することができます。パート、アルバイト、派遣社員の方のほか、国民年金や自治体などの健康保険に加入している個人事業主も対象です。会社員の方の場合は年末調整で控除されますが、個人事業主の方は注意してください。うっかり控除を忘れると、税金を多く支払うことになってしまいます。

控除の対象となる主な社会保険料

- 国民年金保険料
- 厚生年金保険料
- 雇用保険料
- 健康保険料
- 介護保険料
- 国民健康保険料（保険税）
- 後期高齢者医療保険料
- 年金基金の保険料

医療費が1年間で10万円を超えているか

医療費控除は、**1年間に支払った医療費が一定の金額を超える場合に所得金額から差し引くことができる制度**です。

対象になるのは、病院に支払った診療費や薬代などの合計が原則として1年間で10万円を超えた場合ですが、10万円以下の方でも総所得金額が200万円未満であれば、総所得金額の5％を超えれば医療費控除を受けることができます。

ただし、生命保険の入院手術給付金、健康保険の出産育児一時金や高額療養費など、保険や給付金などによって補てんされた分の医療費は除外され、支給額を差し引いた額を合算します。

医療費控除は、納税者と生計を一にする配偶者やその他の親族の医療費を合算して控除できるのが特徴です。**別居している家族の医療費を支払った場合も控除の対象になります**ので、そのときの領収書があればもらっておきましょう。

医療費控除の控除額

実際に支払った医療費の合計金額 － 保険金などで補てんされる金額 － 10万円

＊その年の総所得金額等が200万円未満の方 ➡ 総所得金額等 × 5％

医療費控除の対象は意外と広い

医療費控除の対象になるか、ならないかは、**治療するための医療行為として支払った費用であるかで決まります。**

病院での診療費や治療費、入院費のほか、電車やバスなどの公共交通機関を利用して病院に行くための交通費も控除対象になります。タクシー代は条件がありますので注意してください。その他、介護施設でのサービス、デイサービスなどの在宅サービスの介護費用も医療費控除が受けられます。

美容目的の整形や歯列矯正などの費用、近視・乱視矯正のためのメガネやコンタクトレンズ代、里帰り出産の際の交通費などは、直接治療に必要のない費用で対象外です。

医療費控除の対象になるもの、ならないもの（一例）

美容のためのマッサージ費用 ➡ ×	病気やけがの治療目的で利用した保険診療外のマッサージ費用 ➡ ○	里帰り出産のときの交通費 ➡ ×
人間ドックの費用 ➡ ×	通院のための交通費 ➡ ○	治療としての歯列矯正 ➡ ○
美容のための歯列矯正 ➡ ×	治療のための医薬品の購入 ➡ ○	健康維持のためのビタミン剤の購入 ➡ ×

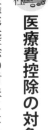

セルフメディケーション制度は医療費控除と併用できない

「セルフメディケーション税制」は、平成29（２０１７）年、５年間限定の医療費控除の特例として始まりましたが、令和４（２０２２）年１月以降、さらに５年間延長されることになりました。利用率が高くなれば、さらなる延長も期待できると思います。医療費控除との併用はできません。

対象になるのは、「健康の保持増進及び疾病の予防への取組として一定の取組を行っている個人」とされています。ここでいう「一定の取組」とは、予防接種、定期健康診断、健康診査、がん検診、自治体のメタボ健診などです。

つまり、**日頃から健康管理に気をつけて対策している人が軽度の病気やけがで自ら市販薬を購入して治療する場合、かかった費用を控除対象にしようというセルフケアの精神から誕生したもの**です。

(!) 対象になる医薬品は、医師によって処方される医薬品（医療用医薬品）から、薬局やドラッグストアで購入できる医薬品に転用された医薬品（スイッチＯＴＣ医薬品）などです。セルフメディケーション制度では、その購入費用のうち１万２０００円を超える額（８万８０００円が上限）が所得から控除されます。

対象になる医薬品の例

かぜ薬

肩こり・腰痛の貼付薬

など

2-7

所得控除❸

生命保険料控除・地震保険料控除・小規模企業共済等掛金控除

◆多くの方は、いざというときのために保険会社の生命保険に加入していると思います。その保険料は所得控除の対象になります。

年末調整でおなじみの生命保険料控除

生命保険料控除は、**1年間に支払った生命保険料に応じて一定の金額が契約者の所得から差し引かれる制度**です。会社員の方は、年末調整でおなじみだと思います。

! 対象となる保険は、一般生命保険料、介護医療保険料、個人年金保険料です。所得者本人が保険料を支払った場合は控除を受けることができますが、配偶者が支払ったものは対象外になります。

個人年金保険料は、一定の要件を満たさなければ対象外になるので注意してください。

生命保険料控除の対象となる保険

一般生命保険料	生存または死亡に起因して支払う保険金、その他給付金にかかわる保険料
介護医療保険料	入院・通院などに伴う給付にかかわる保険料
個人年金保険料	個人年金保険料税制適格特約を付加した個人年金保険にかかわる保険料

旧契約と新契約では控除額が異なる

生命保険料控除には、旧契約と新契約があります。

旧契約は平成23（2011）年12月31日までに契約したもの、新契約は平成24（2012）年1月1日以降に契約したものとなり、控除額が異なります。旧契約は対象が生命保険料と個人年金保険料でしたが、新契約では新たに介護医療保険料が加わっています。

生命保険料の控除額は支払金額から算出し、**旧契約は最高で一律5万円、新契約は一律で4万円**です。

保険会社から送られてくる保険料払込証明書にどちらの契約か明記されていますので、確認しておきましょう。

旧契約と新契約の比較

	支払った保険料	控除額
旧契約（平成23年12月末までに契約したもの）	2万5,000円以下	保険料全額
	2万5,000円超～5万円以下	保険料÷2＋1万2,500円
	5万円超～10万円以下	保険料÷4＋2万5,000円
	10万円超	一律5万円
新契約（平成24年1月以降に契約したもの）	**支払った保険料**	**控除額**
	2万円以下	保険料全額
	2万円超～4万円以下	保険料÷2＋1万円
	4万円超～8万円以下	保険料÷4＋2万円
	8万円超	一律4万円

地震保険料控除の対象は地震保険の範囲だけ

地震保険料控除は、**1年間に支払った保険料に応じて一定額をその年の所得から控除する制度**です。家財に対して地震保険をかけていれば、同様に控除を受けることができます。

平成19（2007）年1月、従来の損害保険料控除が廃止となり、地震保険料控除だけが所得控除の対象になりました。

所得控除額は、1年間に支払った保険料が5万円以下の場合は全額、5万円を超える場合は一律5万円となっています。

地震保険は火災保険とセットで加入しなければなりませんが、地震保険料控除として申告ができるのはあくまで地震保険の範囲だけで、火災保険にかかわる部分は控除の対象外です。

なお、平成18（2006）年12月までに契約した長期損害保険については、一定の要件を満たすものに限り、地震保険料控除の対象になります。

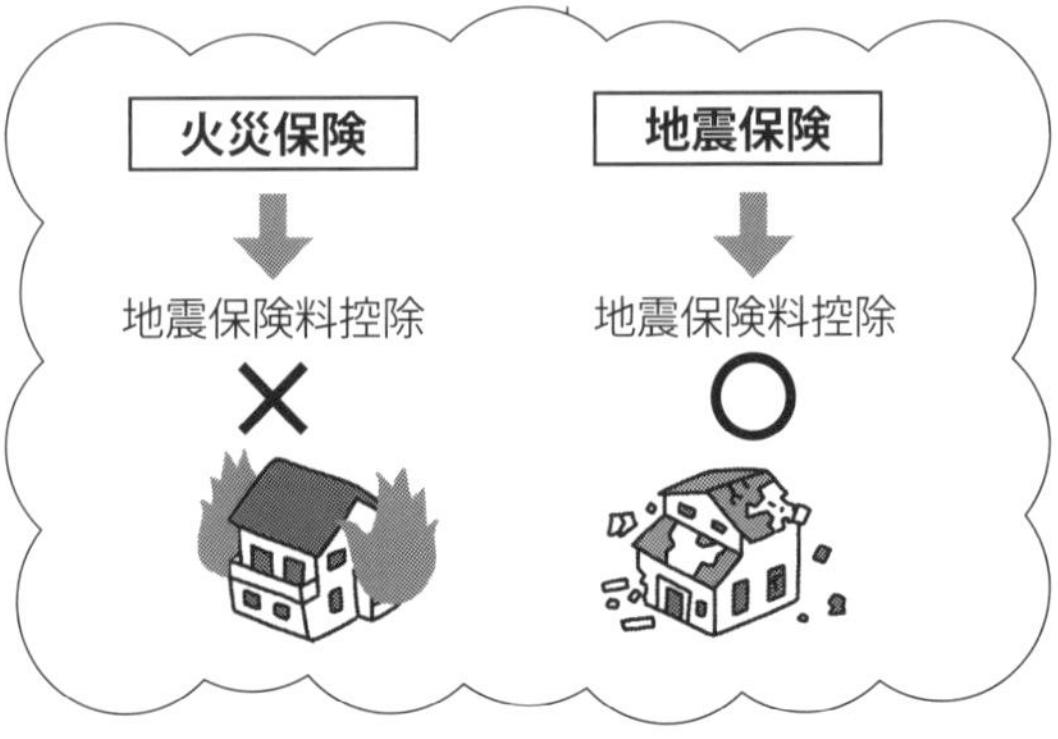

iDeCo（イデコ）は税制面で優遇されている

小規模企業共済等掛金控除という名称を聞いても、何のことかわからない方も多いと思います。

小規模企業共済は、**規模が小さい会社の経営者などがお金を積み立て、退職時の資金などに役立てるための制度**です。

納税者が小規模企業共済法に規定された共済契約に基づく掛金等を支払っている場合は、その掛金の所得控除を受けることができます。控除額は、1年間に支払った全額です。

●小規模企業共済等掛金控除の対象になる掛金

①小規模企業共済法の規定によって独立行政法人中小企業基盤整備機構と結んだ共済契約の掛金
②確定拠出年金法に規定する企業型年金加入者掛金、または個人型年金加入者掛金
③地方公共団体が行う、いわゆる心身障害者扶養共済制度の掛金

控除対象の掛金の中の「個人型年金加入者掛金」は、iDeCo（イデコ）のことです。iDeCoについては182ページで解説しますが、掛金は全額控除になります。

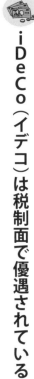

2-8

所得控除❹

寄附金控除

◆あなたは「ふるさと納税」が寄附金控除の対象になることをご存知ですか？
そのしくみをわかりやすく解説します。

会社員の方が寄附金控除を受ける場合は確定申告を

寄附金控除は、**納税者が国や地方公共団体などに寄附をした場合に所得控除を受けることができる制度**です。

寄附をすればその土地の名産品がもらえる「ふるさと納税」や、個人が行う赤い羽根共同募金への寄附も控除の対象になります。

公益社団法人、公益財団法人、その他公益を目的とする事業を行う法人などへの寄附も、一定の要件を満たしていれば寄附金控除として認められます。寄附をしたら何でも控除できるわけではなく、対象となる団体は限られています。

寄附金控除は、医療費控除、雑損控除と同様に年末調整の対象外です。

会社員の方も確定申告をしないと控除を受けることができずに、税金を多く納めることになってしまいます。

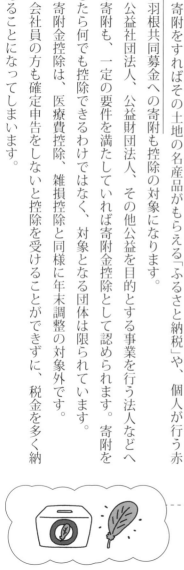

寄附金控除には所定の書類と手続きが必要

寄附をしただけでは寄附金控除を受けることができません。**寄附をした年度の確定申告が必要**です。

寄附金控除を申請するときは、確定申告書に寄附先の受領証や領収書などを添えて税務署に提出します。e-Taxの場合、書類の提出は不要ですが、5年間保管し、税務署から提示などを求められたときはこれに応じなければなりません。

寄附金控除の控除額

次のうち、どちらかの金額です。

（1）**特定寄附金の合計額**

（2）**総所得金額×40%相当額**

（1）か（2）の低い金額－2,000円

特定寄附金とは

国または地方公共団体に対する寄附金
指定寄附金
特定公益増進法人に対する寄附金
特定公益信託の信託財産とするために支出した金銭
政治活動に関する寄附金
認定 NPO 法人に対する特定寄附金

ふるさと納税は所得税と住民税のどちらも控除対象

生まれ育った故郷や応援したい自治体に寄附ができる「ふるさと納税」は、平成20（2008）年5月に始まりました。

ふるさと納税の目的は、地方と大都市の格差是正、人口減少地域の税収減への対応、地方創生です。地方で生まれ育って進学や就職のために都会で生活する方も多いと思いますが、そうなると納税先は都会で、故郷の自治体には税収は入りません。**寄附という形で納税先が選べるような制度がふるさと納税**です。

ふるさと納税では、寄附金のうち2000円を超える部分について所得税と住民税の控除が受けることができるのが特長です。そのうえ、地域の名産品などの返礼品がもらえるとあって、たいへ

ふるさと納税のイメージ

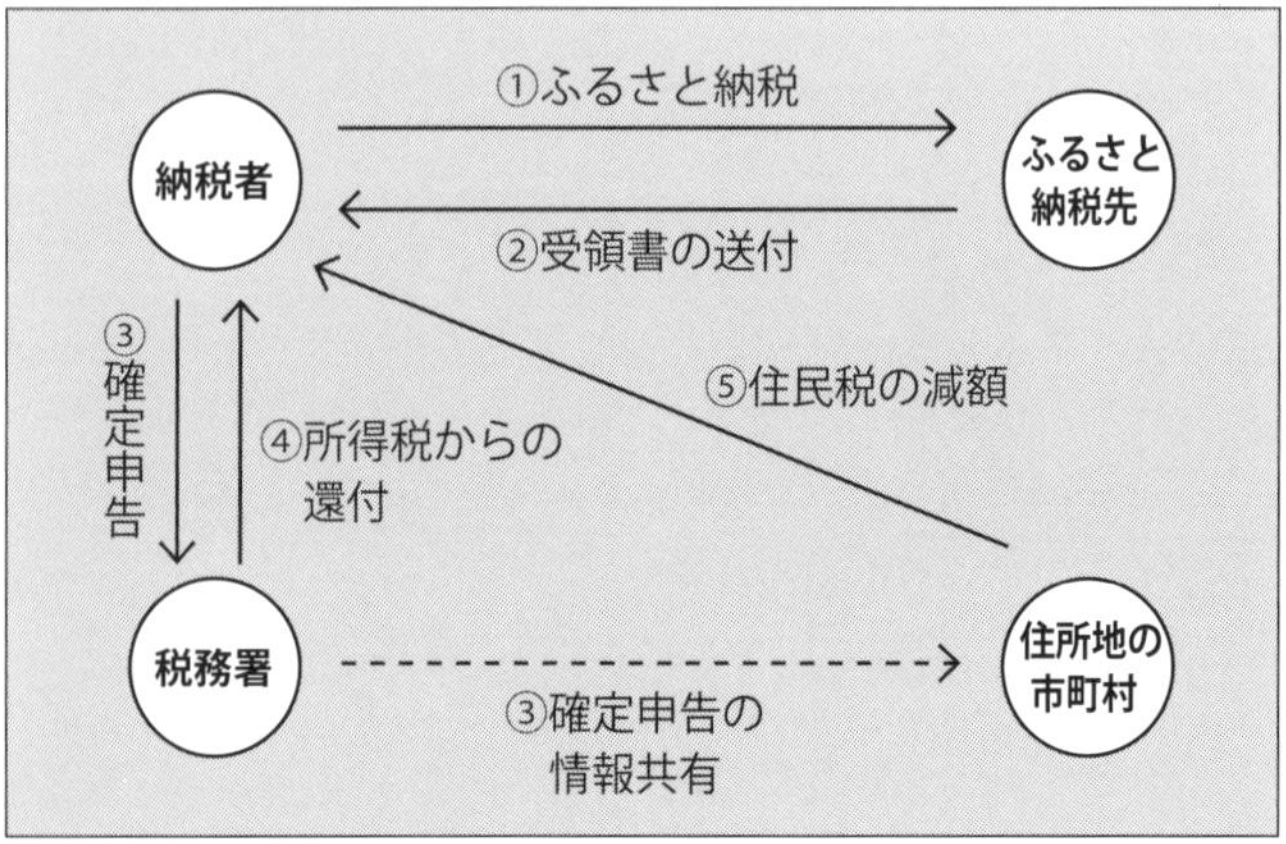

んな人気です。

控除上限額は収入や家族構成によって異なりますので、ご注意ください。

平成27（2015）年4月から、ふるさと納税を行う際にあらかじめ申請することで確定申告が不要になる「**ふるさと納税ワンストップ特例制度**」が始まりました。適用を受けることができるのは、ふるさと納税を行う自治体の数が5団体以内である場合に限られます。

ふるさと納税で税金について関心をもつ方が増えた

ふるさと納税で、寄附金を受け取れる地方自治体が増えたのはよいことです。

その一方で、**大都市部では控除額が膨らみ大幅な税収減となっています**。ふるさと納税による赤字額の75％は地方交付税でカバーされるのですが、地方交付税を受け取ることができない自治体もあります。

たとえば、東京23区や川崎市などがそうです。これらの自治体では、住民サービスの低下が心配されています。

そのため、いままでは返礼品を用意していなかった都市部の自治体でも、新たに返礼品を用意するところが増えています。

寄附という形ではありますが、積極的に納税をするというのは、歴史的に見てもとても珍しいことです。さまざまな課題があるのは確かですが、元国税局職員、また一国民としても、ふるさと納税制度は高く評価しています。

2-9

所得控除❺

配偶者控除・配偶者特別控除

◆「年収103万円の壁」ということばを聞いたことがあると思います。
これは、配偶者控除にもかかわっています。

事実婚は配偶者控除の対象外

配偶者控除と配偶者特別控除は、**配偶者の収入が一定金額以下のときに所得控除が受けることができる制度**です。

「配偶者を養う行為が税を負担する能力を減らしてしまう」という考え方から、納税者の負担を調整するために設けられました。

配偶者控除には、次の要件があります。

①納税者本人と生計を一にしていること

生活費や学費、医療費などを納税者と配偶者が共有している状態です。単身赴任などでも仕送りなどがあれば「生計を一にしていること」になります。

②その年の12月31日時点で婚姻関係にあること

事実婚や内縁関係など戸籍上の夫婦でない場合は適用外です。

③配偶者の合計所得が48万円以下であること

パートやアルバイトなどの収入だけの場合は、年収103万円（基礎控除48万円＋給与所得控除55万円）以下になります。

④納税者本人の合計所得が１０００万円以下であること

所得合計が1000万円を超えると控除が受けられない

平成29（２０１７）年度の税制改正により、世帯主に所得制限が設けられました。

納税者本人の合計所得額が900万円を超えると配偶者控除の金額は段階的に減り、合計所得金額が１０００万円を超えると配偶者控除が受けられなくなったのです。

節税という観点では、世帯主の合計所得金額が900万円を超えると徐々に節税のうま味が薄くなり、パート収入などを103万円以内に調整して働く意味がなくなりました。

配偶者控除の控除額

控除を受ける納税者本人の合計所得額	控除額
900 万円以下	38 万円
900 万円超 ～ 950 万円以下	26 万円
950 万円超 ～ 1,000 万円以下	13 万円
1,000 万円以下	0 円

一般的に所得税が発生するようになる「103万円の壁」は、ここからきています。ちなみに令和元（2019）年以前の制度では、基礎控除38万円＋給与所得控除65万円で103万円でした。

夫が外でお金を稼ぎ、妻が専業主婦として家庭を守る生活が主流だった時代には、配偶者控除はとてもありがたい税制でした。

しかし、男女平等でともに働きながら家庭を築くスタイルが主流になってきたいまでは、「配偶者控除は時代にそぐわない」という声も聞かれ、将来的にどうなるのかその動向が気になります。

1年間の合計所得額が133万円以下なら配偶者特別控除を受けられる

配偶者に48万円を超える所得があるため配偶者控除の適用を受けることができない場合でも、配偶者の所得金額に応じて、一定の金額の所得控除を受けることができる可能性があります。この制度が「配偶者特別控除」です。

配偶者控除と配偶者特別控除のどちらを受けるかは、配偶者の所得金額によって自動的に決まります。

そのため、自分でどちらかを選んだり、両方の控除を受けたりすることはできません。

配偶者控除が適用されるのは配偶者の所得が48万円以下ですが、**配偶者特別控除は配偶者の1年間の合計所得額が48万円超133万円以下の場合になります。**

配偶者控除の要件のうち、「配偶者が納税者と生計を一にしている」「民法上の配偶者」「控除を受ける納税者本人の合計所得額が1,000万円以下」といった内容は、配偶者特別控除も同様です。

配偶者特別控除の控除額

配偶者の合計所得額	控除を受ける納税者本人の合計所得額		
	900万円以下	900万円超 950万円以下	950万円超 1,000万円以下
48万円超 ～ 95万円以下	38万円	26万円	13万円
95万円超 ～ 100万円以下	36万円	24万円	12万円
100万円超 ～ 105万円以下	31万円	21万円	11万円
105万円超 ～ 110万円以下	26万円	18万円	9万円
110万円超 ～ 115万円以下	21万円	14万円	7万円
115万円超 ～ 120万円以下	16万円	11万円	6万円
120万円超 ～ 125万円以下	11万円	8万円	4万円
125万円超 ～ 130万円以下	6万円	4万円	2万円
130万円超 ～ 133万円以下	3万円	2万円	1万円

控除を受ける納税者本人のその年の合計所得額が1,000万円を超える場合は、配偶者特別控除の対象外になります。

2-10

所得控除❻

その他の所得控除

◆扶養控除、障害者控除、寡婦控除、ひとり親控除は15種類ある所得控除で、ひとり親控除は令和2年にできた制度です。

扶養控除は扶養親族の年齢などによって控除額が異なる

扶養は、子ども、両親などの親族を養っていることをいい、納税者が一定の要件を満たすことで扶養控除を受けることができます。

控除額は扶養親族の年齢や同居の有無によって異なり、一般の控除対象扶養親族の場合は38万円です。控除対象扶養親族は、その年の12月31日時点の年齢が16歳以上の人を指します。

特定扶養親族は控除対象扶養親族のうち、その年の12月31日時点の年齢が19歳以上23歳未満の人をいい、老人扶養親族はその年の12月31日時点の年齢が70歳以上の控除対象扶養親族のことをいいます。

扶養控除の控除額

区分		控除額
一般の控除対象扶養親族		38 万円
特定扶養親族		63 万円
老人扶養親族	同居老親等以外の者	48 万円
	同居老親等	58 万円

親元を離れている子どもも扶養控除の対象

進学などで親元を離れて暮らしている子どもでも、仕送りをしているなど同一生計の実態があれば扶養控除を受けることができます。

19～23歳未満の親族（特定扶養親族）は、控除額が63万円と高くなります。これは、大学などへの進学で納税者の金銭負担が大きくなるためです。

ただし、1年間の合計所得額は48万円以下でなければなりません。株やアフィリエイトなどで収入を得ている場合でも、収入から経費を引いた所得が48万円以下であれば問題ありません。

アルバイトなどの給与のみの場合は、給与収入が103万円以下であれば扶養控除を受けることができます。

扶養親族となる４つの要件

①～④すべてに当てはまらなければならない。	
①配偶者以外の親族である	②納税者と生計を一にしている
③１年間の合計所得額が48万円以下である	④１年間給与所得を受けていない

親が知らないうちに、子どもがアルバイトなどで103万円以上稼いでいたり、アフィリエイトなどの所得が48万円以上あったりするケースがあります。扶養控除を受けようとするときは注意してください。

障害者控除は障害のある方やその家族が対象

障害者控除は、**障害のある方やその家族が受けることのできる税法上の制度**です。所得税だけでなく、住民税、相続税などの税金の負担を減らすことができます。

障害者控除は、扶養控除の適用がない16歳未満の扶養親族がいる場合にも適用されます。

障害者、特別障害者、同居特別障害者という3つの区分があり、対象となる要件や控除額が異なります。

障害者の定義は「（障害者手帳に）身体上の障害があると記載されている人」、特別障害者は「身体上の障害の程度が一級、または二級で記載されている人」、同居特別障害者は特別障害者である同一生計配偶者または扶養親族で、納税者自身、配偶者、その納税者と生計を一にする親族のいずれかと同居をしていることとされています。

障害者控除の控除額

区分	所得税控除額	住民税控除額
障害者	27万円	26万円
特別障害者	40万円	30万円
同居特別障害者	75万円	53万円

障害者控除が
あって助かる

寡婦控除は令和2年に改正された

寡婦(かふ)ということばを聞いたことがある方は少ないと思います。一般的には、**夫が亡くなったり離婚したりして再婚していない方**のことをいいます。

納税者自身が寡婦であるときは、一定の金額の所得控除を受けることができます。

寡婦控除の対象となるのは、次のような方です。

①夫と離婚した後、婚姻していない方で扶養親族がいること。または、夫と死別した後に婚姻していないこと(夫の生死が明らかでない一定の者を含む)。

②合計所得金額が500万円以下であること。

③その者と事実上婚姻関係と同様の事情にあると認められる方(未届の夫がいるなど)がいないこと。

寡婦控除の控除額は、一律27万円です。

ひとり親控除はシングルマザーも対象

従来の寡婦控除は、控除の対象者が結婚をしていた人に限られていて、シングルマザーは対象外とされていたため、不公平さを訴える声が上がっていました。

そのため、令和2（2020）年に「ひとり親控除制度」が新たに創設されました。**子どもを養っていれば、婚姻歴の有無や性別にかかわらず、一律35万円の所得控除を受けることができます**。

シングルファーザーの場合は、控除額が従来の27万円から8万円アップの35万円になりました。ひとり親控除の対象となるのは、次のような方です。

①控除を受ける年の12月31日の時点で結婚していない、または配偶者の生死が不明である。

②事実婚の関係にある方がいない。

③生計を同一にする子どもがいる（子どもが他の人の同一生計配偶者や扶養家族ではなく、その年の総所得が48万円以下である）。

④合計所得金額が500万円以下である。

事実婚であるかどうかは、住民票の続柄に「夫（未届）」または「妻（未届）」の記載があるかどうかで判断されます。

生計を同一にする子どもが進学などの理由で同居していない場合でも、仕送りなどにより生活している事実があれば、ひとり親控除の対象になります。

寡婦控除とひとり親控除の比較

勤労学生控除は一律27万円の控除が受けられる

勤労学生控除は、**働きながら学校に通う学生の税負担を軽減するための制度**です。

所得税だけでなく住民税も控除が受けられるのが特長で、所得税は一律27万円、住民税は一律26万円の控除を受けることができます。

対象となるのは、次のような方です。

①学生本人のアルバイトなどの勤労による所得であること。

②合計所得金額が75万円以下（実際の収入金額は130万円以下であること。ここから総所得控除額55万円を引いた金額）。

③不動産所得など給与所得以外の所得が10万円以下であること。

勤労学生控除が適用される学校は、学校教育法に規定されている小学校・中学校・高等学校・大学・高等専門学校などとされています。大学院生や専門学校生も対象です。

ただし、専門学校のなかには、勤労学生控除の要件に当てはまらない学校もあるため、あらかじめ確認しておきましょう。

勤労学生控除を受けると、親御さんは扶養控除が適用されなくなることもあります。十分検討してから手続きを行うようにしましょう。

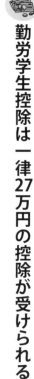

2-11

自営業者・フリーランスと所得税

確定申告って何？

◆確定申告は、1年間の所得から税金などを計算して税務署に申告することです。提出した申告書に基づいて、翌年に支払う税金などが決まります。

フリーランスの方は確定申告が必要

確定申告は、1年間の所得に対する納税額を計算して税務署に申告し、納税する一連の手続きをいいます。

会社員などの給与所得者は会社で年末調整を受けるため、原則として確定申告をする必要はありませんが、個人事業主やフリーランスなどの事業所得がある方や副業で20万円を超える所得がある方などは、確定申告をしなければなりません。

確定申告の申告期間は、通常、年度の翌年2月16日から3月15日までで、所得税の納付期限も申告期限と同様に3月15日までです。ただし、期限日が土日の場合は次の平日までとなります。

確定申告はとても面倒です。ふだんから準備していないと、申告期限ぎりぎりになってあわてることになります。

ぼくは「家計簿アプリ」ですべての生活費を管理しています。銀行口座と連携できますし、計算も楽です。活用してみてはいかがでしょうか。

確定申告しなければならない方

①自営業者やフリーランスなどの個人事業主	②公的年金を受け取っている方
会社などの法人組織などに属していない自営業者やフリーランスなどの個人事業主は、事業所得を得ている。基礎控除や医療費控除などの控除額を差し引いた所得額が納税対象になるので、確定申告の必要がある。 	公的年金を受け取っている方で、受給額から所得控除(生命保険料控除や扶養控除など)を差し引いた後に残額がある場合は確定申告が必要。公的年金などの年間収入が400万円以下で、公的年金のすべてが源泉徴収の対象となる場合は、確定申告の必要はない。 
③年間の給与収入が2,000万円を超える方	④不動産収入や株取引などの所得がある方
給与の総額が2,000万円を超える方は、年末調整の対象外になるため、確定申告の必要がある。 	不動産所得や家賃収入などで利益を得た方、株取引などで利益を得た方も、源泉徴収が行われていない場合は確定申告が必要。ただし、株式の所得やNISAなどは独自のルールがある。 

＊その他、事業による収益などの所得以外に収入があった場合などは一時所得となり、確定申告が必要な場合がある。災害減免法が適用されていて、源泉徴収税の猶予または還付を受けている方も確定申告が必要。

確定申告しなくてもよい方

①会社から年末調整を受けている給与所得者

会社員などの給与所得者は、基本的に会社で年末調整を行う。年末調整は、いわば会社員の確定申告なので、個別の確定申告は原則として必要はない。

②所得が48万円以下の方

確定申告で基本的な控除は「基礎控除」。これは、「だれでも1年間でこれくらいは経費がかかるでしょう」と、1年間の合計所得から一律で差し引かれる控除額。所得が48万円以下の人は基礎控除を差し引くと0円となり、確定申告は不要になる。

年間 48 万円のお金で暮らしていけるかどうかは異論があるところですが、税制上ではそう決まっています。

③主な所得が公的年金の方

公的年金を受給されている方は、基本的に確定申告をする必要はない。ただし、公的年金等の収入が400万円を超える場合や、それ以外の所得金額が20万円を超える場合は確定申告が必要になる。

確定申告しないとどうなる？

所得を申告していないことがわかったら、**無申告加算税や延滞税などを支払わなければならない場合があります**。

無申告加算税は、本来納付しなければならない税額に対して、50万円までは15％、50万円を超える部分は20％の割合を乗じて計算した金額分が課せられるものです。

延滞税は、確定申告はしたものの、期限までに税金を納めていないときに課せられます。

利息と同じ性質があるため、納付せずに滞納を続けていると、雪だるま式に延滞税が増えていくことになります（税率は年によって異なります）。

お金だけではありません。無申告や申告漏れなどがわかると、**社会的な信用が失われることになります**。取引先から仕事の発注がなくなったり、金融機関からお金を借りることができなくなったりなど、損害は計り知れません。

確定申告は、納税者自身が所得を計算して税務署に申告します。「税務署に申告しなければ税金を支払わずにすむのではないか」と考えてしまう方もいるかもしれません。しかし、税務署はそんなに甘くはありません。所得の無申告や申告漏れは必ずバレます。お金をもらっている取引先も申告しているからです。

2-12

青色申告・白色申告

青色申告と白色申告の違いは？

◆青色申告と白色申告は、単に必要となる書類が異なるだけではありません。青色申告には最大65万円控除という優遇措置があるのです。

青白申告はよいことが多い

確定申告の方法には、青色申告と白色申告があります。

2つの方法の違いでまずいえるのは、**税制上の優遇措置**です。

青色申告の場合、最大で65万円の控除という大きな特典があります。白色申告にはありません。あるのは48万円の基礎控除だけです。青色申告でも同額の基礎控除があるので、いかに青色申告がお得かがおわかりでしょう。

その分、青色申告では提出しなければならない書類の種類が多く、書き方も複雑です。「複式簿記」という専門知識が問われるような内容で記載する必要があるため、はじめての人はここで挫折してしまうことも多いようです。

しかし、白色申告でも帳簿をつけなければならないことを考えると、よく勉強して青色申告を選んだほうがよいと思います。

節税面を考えても、青色申告のほうがおすすめです。国税局を退職してアルバイトで生計を立てた頃を除いて、ぼくも青色申告しています。

青色申告の3つの特典

①所得金額から最高65万円を差し引くことができる

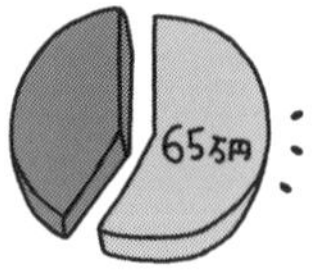

②配偶者などに支払う給与を必要経費とすることができる

③赤字を前年や翌年の所得金額から差し引くことができる

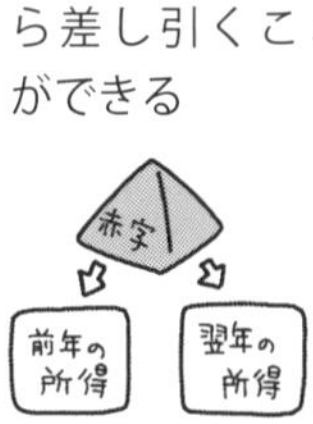

確定申告しないと損をすることもある

青色・白色にかかわらず、確定申告をしていないと、意外なところで損をする場合があります。

たとえば、国民健康保険の保険料は所得によって決まります。確定申告していないと所得不明となり、所得が少ない世帯を対象とした軽減措置などを受けることができずに、毎月高い国民健康保険料を支払う場合があります。

個人事業主などの場合、**確定申告書が毎年の収入を証明する書類になります。**確定申告書がないと、たとえば家を借りる場合や子どもを保育園に預けたい場合などに必要な収入証明書の提出ができないため、契約を結ぶことが難しくなるかもしれません。

2-13

必要経費の内容

必要経費にはどんなものがある？

◆取引先に行くときのタクシー代、打ち合わせのための飲食代などは、報酬を得るために使うものなので必要経費になります。ただし、領収書などが必要です。

必要経費が多いほど納税額は減る

必要経費は、**会社などが事業を続けていくために必要な費用のこと**をいいます。事務所の家賃や水道光熱費、事務用品の購入費、従業員の保険料など、必要経費は広範囲となります。

! 経費が増えると課税対象となる所得が減り、支払う所得税額は減少します。

必要経費とするためには、その支出を証明するものが必要です。物品を購入したときの領収書やレシートなどですが、クレジット決済であればカード履歴などでもかまいません。電車代などは証明することが難しいため、ルートと金額を記録したもので大丈夫です。

自宅で仕事をするフリーランスの方は、家賃や電気代などを必要経費として計上することができますが、費用を私的なものと分ける按分計算が必要です。

必要経費に計上できる項目一覧

租税公課	地代家賃	修繕費
荷造運賃	水道光熱費	損害保険料
消耗品費	雑費	福利厚生費
給料賃金	外注費	貸倒金
新聞図書費	支払手数料	寄附金
減価償却費	旅費交通費	修繕積立金
開業費・創立費・社債発行費	通信費	接待交際費

必要経費は勘定科目に分類する

必要経費は勘定科目に分類して申告します。**勘定科目は、決算書に記録するために取引の種類ごとに分類して管理するためのもの**です。

それぞれの必要経費がどの勘定科目になるのか、最初は戸惑うかもしれませんが、確定申告では必要なことなので、しっかり勉強しましょう。

①租税公課

事業税、固定資産税、自動車税、不動産取得税、印紙税、消費税などが租税公課となります。ただし、法人税、延滞税、加算税、交通違反の罰金などは必要経費として認められません。

②地代家賃

事務所や店舗、倉庫などを借りている場合の家賃、使用料、管理費、共益費、社用車の駐車場料金などが地代家賃です。礼金、更新料、権利金は20万円未満であれば地代家賃になります。個人事業主が自宅で仕事を行う場合の家賃などは、家事按分して事業として認められる金額を計上することができます。

③修繕費

事業に使用する建物や器具、機械装置などの固定資産を修理や維持管理するための費用は、修繕費として計上することができます。紛らわしいのが、消耗品費と減価償却費です。機械のメンテナンスで部品交換した場合は原状回復のために支出する費用で修繕費となりますが、消耗品の交換などの場合は消耗品費に計上します。資産の使用可能期間を延長するような場合は減価償却費となります。20万円未満の場合は、全額を修繕費として計上することができます。

④荷造運賃

客に販売した商品や製品などを発送するときの荷造り費用、販売した商品や製品などを運送・発送するときの費用です。梱包に必要なダンボールやガムテープなども計上することができますが、一度に大量に購入した場合、未使用分は経費とすることはできません。

⑤水道光熱費

水道料、電気代、ガス代などのライフラインにかかる費用です。個人事業主が自宅で仕事を行う場合は、占有率や使用率などで家事按分して事業として認められる金額を計上することができます。

⑥損害保険料

自動車保険、事務所などの火災保険、賠償保険など、事故や災害から守るための保険料です。

⑦消耗品費

文房具やコピー用紙などの事務用品、包装紙、工具、カレンダーなど消耗する物品の購入費用です。取得価額が10万円未満であれば、パソコンやデジカメであっても消耗品費として計上することができます。ソフトウェアも無形固定資産になるため、10万円未満または耐用年数が1年未満という要件を満たせば消耗品費となります。

⑧雑費

事業の費用で他の経費に当てはまらない少額のものは雑費に計上します。たとえば、クリーニング代、引っ越し費用、振込手数料、税理士への報酬費用などで事業収入を得るために必要な支出であれば、雑費とすることができます。雑費はその他の経費という意味合いが強いため、金額が増えるのは好ましくありません。繰り返し発生する費用に関しては、雑費以外の消耗品費などに分類するほうがよいでしょう。

！

雑費の金額が多くなる場合は、自分で勘定科目を作ってしまいましょう。勘定科目は法律で決められているものではありませんので、それぞれの特徴を理解し、ご自身でルール作りをして正しく計上することが大切になります。

⑨福利厚生費

従業員の健康保険料や介護保険料、厚生年金保険料、労災保険料、雇用保険料など、会社が負担する分を法定福利費として計上します。個人事業主であっても、従業員数が5名以上の場合は、原則として社会保険に強制加入となります。

⑩給料賃金

従業員に支払う給料、賞与、残業代、手当などの報酬を給与として支払ったものです。ただし、配偶者などの親族に対する給与は、一定の要件を満たさない限り必要経費にはなりません。

⑪外注費

外部の業者や個人などに仕事を依頼して対価として支払う費用です。原稿料やイラスト作成料などを外部に頼めば外注費になります。製造や工事などを外部に頼む場合は、外注加工賃になります。外部デザインを依頼して作成した名刺や封筒、会社のロゴなども外注加工賃として計上します。

⑫貸倒金

取引先から回収できなくなった売掛金や貸付金などが対象です。売掛金は、商品やサービスなど料金を後払いで受け取る権利のことです。

⑬新聞図書費

業務に必要な資料を得るために書籍、雑誌、新聞を購入する場合の経費です。有料のメールマガジンの購読も新聞図書費の対象になります。業務と関係のない私的な雑誌や新聞の購入に関しては計上することができません。

⑭支払手数料

振込手数料、販売手数料、仲介手数料、代引き手数料など、支払いのための手数料は必要経費に計上することができます。

⑮寄附金

個人事業主が寄附をしても、原則として経費にはできません。国や地方公共団体などに対する義援金が一定の寄附金に該当すれば、寄附金控除に計上可能です。

⑯減価償却費

設備などの固定資産は、一定の期間（耐用年数）をかけて経費処理していきます。資産に関する耐用年数は、設備の種類ごとに法令で定められています。

⑰旅費交通費

電車、バス、タクシー代、宿泊代が計上可能です。Ｓｕｉｃａなどの電子マネーは、打ち合わせの日付と連動させることで事業用利用として証明しやすくなります。

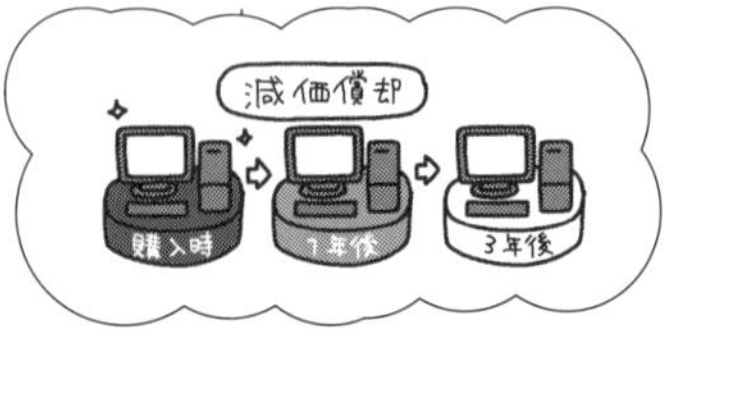

⑱修繕積立金

修繕積立金は、マンションの区分所有者として強制的に納付しなければならないものであることから、一定の要件を満たせば経費に計上することができます。個人事業主が投資のために賃貸マンションを購入し修繕積立金を支払っている場合は、原則として経費とすることができません。

⑲未償却の繰延資産（開業費・創立費・社債発行費など）

繰延資産で未償却のものは経費として計上可能です。開業にかかった費用を数年かけて償却する場合は、開業費にすることができます。すでに償却した費用は、経費に算入することができません。

⑳通信費

業務用の固定電話料金、スマートフォンの通信料、プロバイダ料金、郵便料金などは経費として計上することができます。通信料は、私的使用と業務使用で分けて支払っていれば問題ありませんが、兼用している場合は家事按分が必要です。

㉑接待交際費

取引先や仕入先の接待費用や慶弔費用、お中元やお歳暮の購入費用などは経費になります。

2-14

会社員と税金

給与明細でわかることは？

◆給与明細をもらったまましまい込んでいませんか？　税金についていろいろな情報が記載されていますので、よく見る習慣をつけましょう。

給与のデジタル払いが解禁された

給与の支払いは、直接現金で支払うことと労働基準法で定められていますが、労使の合意がある場合は銀行振込も認められています。

令和5（2023）年4月からは、給与のデジタル払いが解禁されました。**スマホ決済アプリや電子マネーによる給与の支払いができるようになった**わけです。いろいろ問題点も指摘されていますが、選択肢が広がるのはよいことです。

給与明細書をもらったら中身を確認しよう

給与明細書は、給与の根拠となる勤怠状況や給与の支給額、控除額の内訳が記載されている書類です。社会人として、自分がいくら稼いだか、そこから何がいくら差し引かれているか、知っておくことは大切なことです。

ぼくの友人や芸人仲間でも、そのあたりが無頓着な人がたくさんいます。会社から出されているとはいえ、間違いがないとも限りません。自分が働いた時間と労力を一銭たりともむだにしない、そういう心がけが豊かな人生を送る第一歩になると思います。

月給は基本給＋各種手当

勤怠状況には、出勤日数・欠勤日数・残業時間・有給日数・有給残日数などの項目があります。給与計算が時間給であれば、勤務時間数になっています。

欠勤や遅刻、早退があった場合、その分の賃金は支払われない会社があります（勤怠控除）。勤怠管理システムが導入

されている会社であれば心配いりませんが、ズレが生じることもありますのでチェックしておきましょう。

次に支給額です。基本給はベースとなる給料で、昇給や降給がない限り毎月同額が支払われます。基本給に残業手当、通勤手当、住宅手当などの各種手当を加えたものが総支給額、いわゆる月給になります。

つまり、**基本給と月給はまったく別物**なのです。求人広告などで「基本給25万円」とあればこれに各種手当が加算されますが、「月給25万円」とあれば各種手当を含んだ総支給額が25万円ということです。求人を見る際は、基本給なのか月給なのか確認するようにしましょう。

保険料は給料から天引きされる

控除額は、給料から天引きされているものです。

控除をおおまかに分けると、社会保険料、労働保険料、所得税、住民税の４つになります。社会保険料はさらに、健康保険料、厚生年金保険料、雇用保険料、介護保険料などに分かれます。

労働保険には、労災保険と雇用保険の２つがあります。

パート・アルバイト社員で1週間20時間以上の労働時間があり、31日以上の雇用期間が見込まれる場合、会社は雇用保険に加入する義務があります。雇用保険に加入すると給料から保険料が天引きされますが、**条件を満たせば失業手当や育児休業給付金などを受け取ることができる**というメリットがあります。条件を満たしているのに、はなから「パートやアルバイトは雇用保険に入れないよ」という会社もありますので注意しましょう。

給与総支給額からこれらの控除額を引いた差引支給額が、実際に手にするお金です。

雇用保険の加入条件とメリット

新入社員は住民税の対象外

住民税は、前年の所得に対してかかります。その年の6月から翌年5月にかけて、12回に分割して給料から天引きという形で納めます。

ですから、**前年に所得がなければ通常住民税は発生しません**。新卒2年目の社員の方が前年より給与が下がったと思うのは、1年目は住民税が引かれていなかったからです。

別の会社に転職した場合は、引き続き転職先で給料から天引きという形で住民税を支払います。

退職する時期や転職先が決まっているかなどによって住民税の支払い方法が違いますので、注意が必要です。

会社員の方は源泉徴収されている

会社員の方の所得税は、給料から天引きされています。

会社は給与を支払う際に所得税を徴収して、翌月の10日までに国に納税しなければなりません。これを源泉徴収といいます。

源泉徴収は、個人事業主の方などが行う確定申告と同様に累進課税です。つまり、課税対象の金額が大きくなるほど税率も高くなり、納税額が多くなります。

本来、1年間の収入や控除額が確定していなければ税率や所得税額も決めることはできませんが、会社員の方は「給与所得の源泉徴収税額表」に則り、年間所得金額確定前に所得税相当額を源泉徴収するのが一般的です。

年末調整では、**源泉徴収額よりも実際の所得税額が少ない場合はすでに納めた税金が還付され、源泉徴収額よりも実際の所得税額が多い場合は追徴されます。**

源泉徴収のしくみ

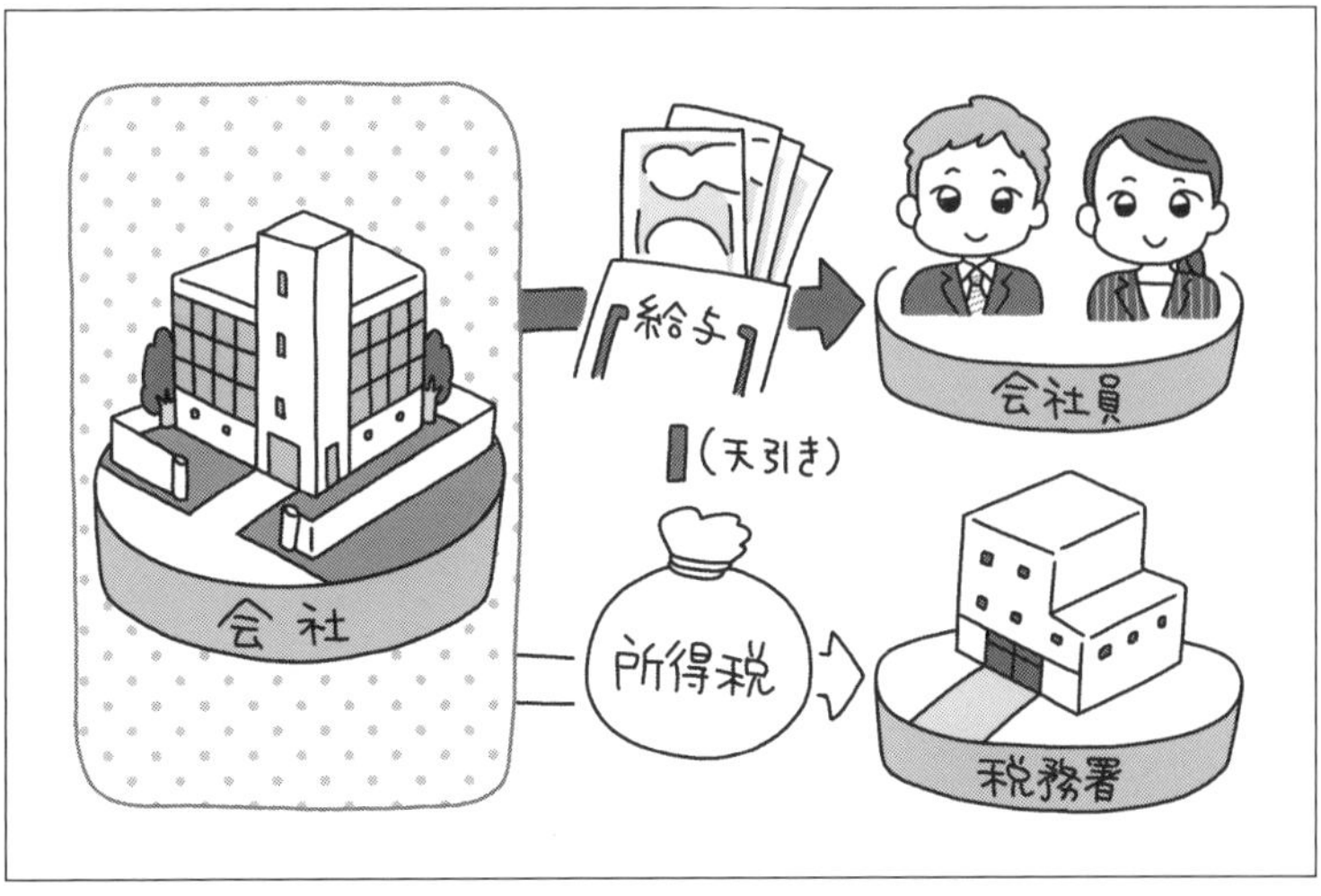

2-15

法人税のしくみ

法人税はだれが支払う？

◆法人税は会社が支払う所得税のようなものです。所得が基準を超えると税率は同じになります。

株式会社は国に法人税を支払っている

株式会社などの法人は、企業活動によって得られる所得に課される税金を支払わなければなりません。その税金が法人税です。

いまは個人事業主でも、いずれは起業して会社組織にしたい方もいるでしょう。そのような方は、**法人税のしくみを知っておいて損はありません**。法人税のしくみを正しく理解することで、税金の過少・過大申告をしないですみます。

法人税は国に納める税金です。外国法人であっても日本に支店を置いた場合は、その支店を通じて得た所得に対して法人税を支払わなければなりません。

法人税法の対象になる法人には、普通法人（株式会社や有限会社、医療法人など）、協同組合等（信用金庫など）、公益法人等（学校法人など）、人格のない社団等があります。

法人税の損金=経費ではない

法人税と個人の税金でいちばん違うところは、支払う税金の計算方法です。

法人税は**所得×法人税率**で計算しますが、この場合の所得は**益金−損金**で求めます。

益金は1年間に発生した会社の売上などの収入のことで、損金は1年間に発生した会社の出費のことをいいます。損金は、人件費や水道光熱費などの経費と同じものですが、法律で認められた以上の交際費や役員賞与などは損金として認められません。

損金が法人税という法律上の考え方であるのに対し、費用・経費は会計上の考え方なので、どうしてもそごが生まれることになります。脱税を指摘された法人が、「国と見解の相違があった」というコメントをすることがありますが、このあたりが関係しているのだと思います。

法人税の税率は所得800万円で変わる

法人税の税率は、所得によって異なります。

所得が800万円以下で税率は15%または19%、所得が800万円を超えると税率は23.2%です。法人税を納めるときは、この税率をもとに税金の支払金額の概算を事前に把握しておきましょう。

法人税額の出し方

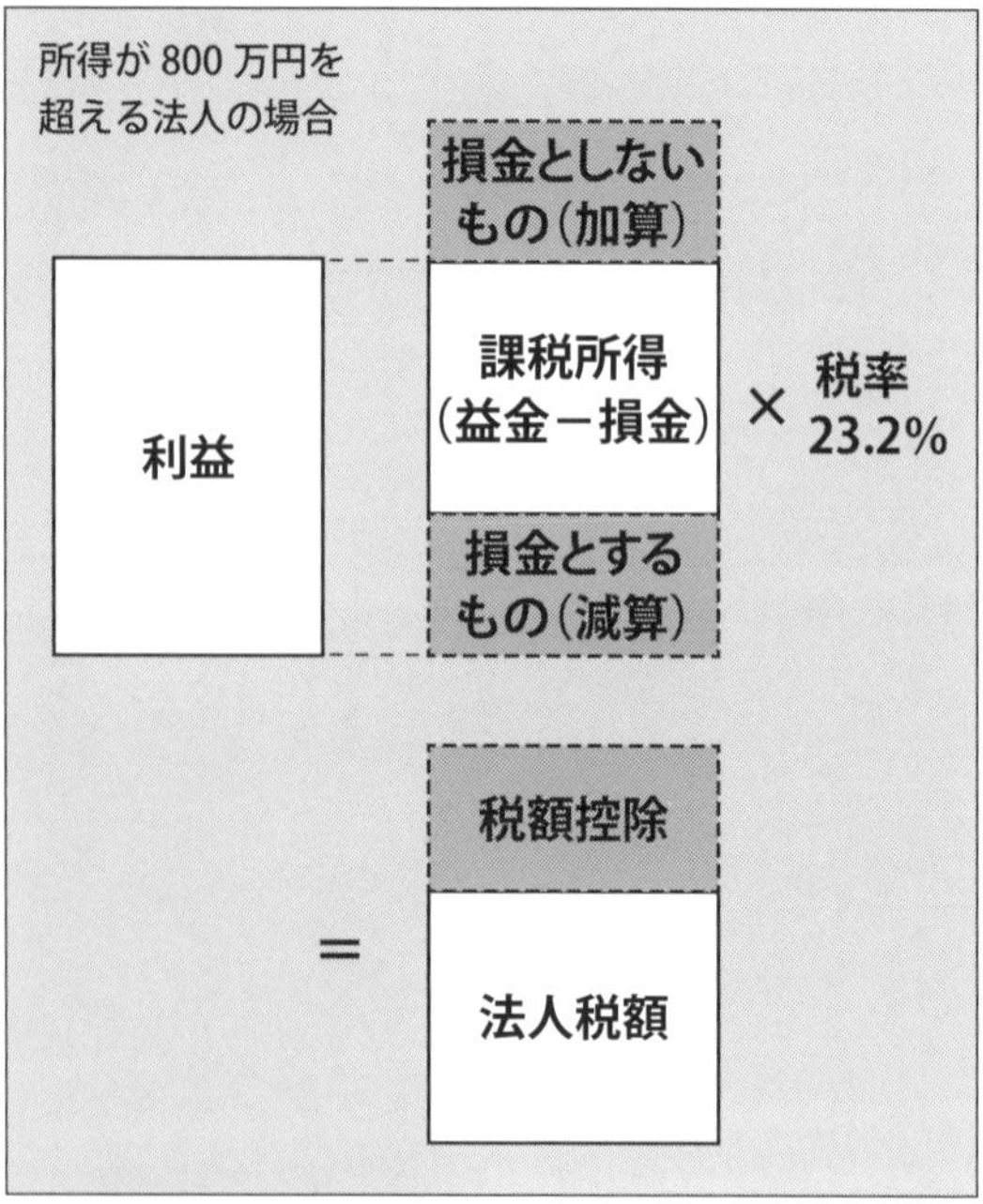

Part 2のまとめ

所得税は、収入から必要経費を引いた所得にかかります。
収入と所得の違いを理解し、所得税の出し方を覚えましょう。

- **所得税額は総合課税と分離課税によって計算する**
- **控除には15種類の「所得控除」と「税額控除」がある**
- **事業を続けていくための費用は必要経費にすることができる**

Part 3

「消費」にかかる税金

このPartでわかること

Part 3では、主に消費税のしくみについて解説します。課税事業者と免税事業者など、インボイス制度の中身についても見ていきます。

- ●消費税はどのような取引にかかるのか
- ●課税事業者と免税事業者の違いはどこか
- ●インボイス制度が始まると何が変わるのか

3-1

消費税のしくみ

消費税はだれが支払う？

◆毎日の生活で当たり前のように支払っている消費税ですが、そのしくみは意外と複雑です。導入の経緯から解説していきましょう。

消費税は広く公平に課税されるもの

消費税は、物を買ったりサービスを受けたりするときにかかる税金です。

私たちは店で商品を買うときに消費税を支払っていますが、**税金を納めるのは事業者**ですから、消費税は間接税になります。

消費税は広く公平に課税されます。たとえば、同じゲームソフトを購入する場合、子どもでも年収数億円を超すプロ野球選手でも、支払う消費税の金額は同じです。

消費税導入前にあった物品税って何？

日本ではじめて消費税が導入されたのは、平成元（1989）年4月1日です。

平成という時代の幕開けとともに消費税がスタートしたわけです。

消費税の前身は物品税で、生活必需品以外のぜいたく品が課税の対象でした。サービスに対しては原則として課税されていませんでしたが、時代とともにサービス業の割合が高くなり、不公平さを訴える声が高まったことも物品税廃止の要因とされています。

安定した財源として計算できる

消費税は物品税に変わる税として導入されたわけですが、高齢化社会に対応する方策という目的もありました。

日本では、消費税導入前から人口の高齢化が進んでいて、将来の年金、医療、福祉のための財源確保が課題となっていました。

消費税は、買い物や旅行、医療費、電車やバスの交通費まで広く平等に課税されるものであるため、**税を徴収する国からすると安定的な税金収入が見込めます。**地方自治体にも分配されるので、地方の税収安定にもつながります。

ただ、私たちの身近な消費に税金が課せられることもあり、国民の関心（多くは消費税反対）は相当なものでした。「家計、とくに低所得者の負担が増える」という声も聞かれ、実際に景気は悪くなりました。

消費税の税率は、その後3％→5％→8％→10％（一部は8％）と変わってきています。税率アップなど、今後の展開を見守りたいところです。

消費税は税が累積しないように配慮されている

消費税の**標準税率は10％**で、その内訳は消費税率7.8％、地方消費税率2.2％です。生活に関連する物品などにかかる**軽減税率は8％**で、消費税率6.24％、地方消費税率1.76％となっています。

消費税は、商品を買う消費者だけが負担していると思われるかもしれませんが、そうではありません。「生産→製造→小売→消費」の段階で、それぞれの事業者は消費税を負担しているのです。

たとえば、小売店で10万円のバッグを購入したとします（支払額は11万円）。消費者から見ると、「1万円の消費税（商品の10％）を負担した」となるわけです。

しかし、流通の過程でそれぞれの業者は次のように消費税を支払っています。

- 原材料仕入れ業者は消費税2000円を納付（売上2万円の10％）
- 生産業者は消費税3000円を納付（売上5万円の10％と2000円の差額）
- 卸売業者は消費税2000円を納付（売上7万円の10％と5000円の差額）

●小売業者は消費税３０００円を納付（売上10万円の10％と７０００円の差額）

その結果、消費者が負担した消費税１万円と各事業者が納付した消費税１万円（２０００円＋３０００円＋２０００円＋３０００円）は一致することになります。

このように、**事業者は売上にかかる消費税から仕入れにかかる消費税を差し引いて計算**します。これを仕入税額控除といいます。このしくみは、流通など各取引段階で二重三重に消費税がかからないようにするためのものです。

消費税のしくみ

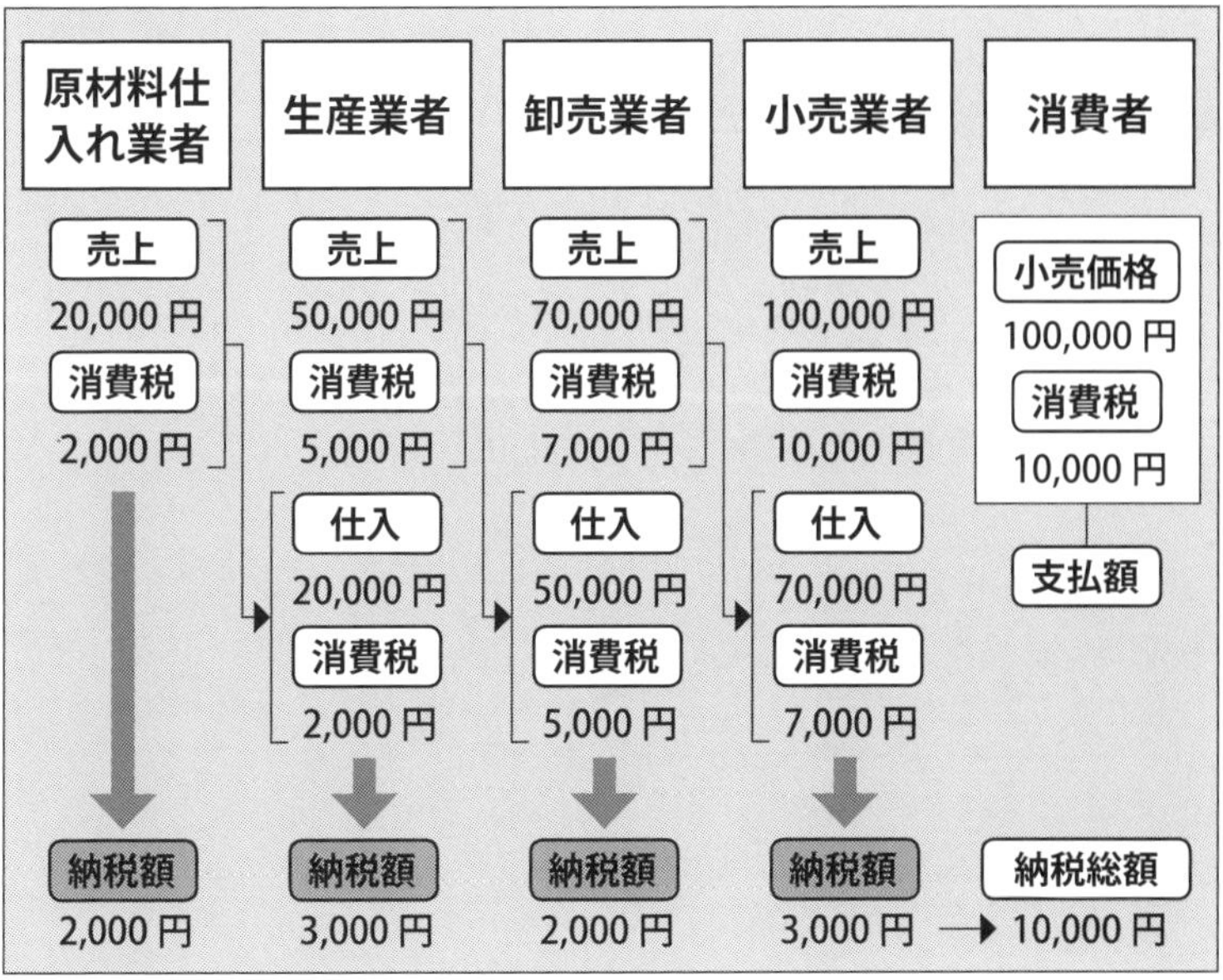

消費税がかからない場合はある?

◆すべての取引に消費税がかかるわけではありません。免税店で購入した物品には消費税はかかりません。

消費税がかからない取引がある

消費税は国内のほとんどの取引にかかりますが、なかにはかからないものがあります。

消費税がかかる取引は「課税取引」、**消費税がかからない取引は「不課税取引」**と呼ばれていて、課税取引には非課税と免税があります。

消費税がかかる課税取引には、次のような要件があります。

①国内で行われる取引
②事業者が事業として行う取引

不課税取引になるもの

日本人が海外で商売をしたとき ▶国内の取引ではないため
会社が従業員に支払う給料 ▶雇用契約で会社の事業ではないため
海外出張のホテル代、タクシー代 ▶旅費や日当などは原則として課税されないため
保険金や共済金 ▶資産の譲渡ではないため

③対価を得て行う取引
④資産の譲渡等
これらの条件に当てはまらないものは不課税になります。

非課税は課税取引でも課税の対象とならないもの

消費税がかかる課税取引には、消費税が発生しない取引である「非課税」があります。「不課税」と「非課税」はとても紛らわしいと思います。非課税は、要件は満たしているが消費税は課税しないというものです。

非課税の要件は、次のいずれかに当てはまる場合です。

①消費税という税の性格になじまないもの
②社会政策的配慮

たとえば、資格検定試験の手数料は国が行うものについては非課税になります。また、住宅の家賃は生活の基礎となるものであることから非課税とされています。

住宅の家賃には税金がかからない

非課税と免税の違いは仕入税額控除の可否

課税取引であるのに消費税が発生しないものがもう一つあります。それは「免税」です。税を免除するという意味ですが、たとえば、商品の輸出や国際輸送、海外事業者に対するサービスの提供などがこれに当たります。

具体的には、次のようなものになります。

①日本からの輸出として行われる資産の譲渡、貸付け（一般的な輸出取引）
②日本国内と国外との通信、郵便、信書便
③非居住者に対する鉱業権、工業所有権、著作権、営業権等の無体財産権の譲渡、貸付け
④輸送用の船舶や航空機の譲渡、またはこれらの貸付け、修理

では、同じ課税取引である非課税と免税はどこが違うのでしょうか。

国税庁のホームページにも示されていますが、大きな違いは、**仕入税額控除ができるか、できないか**です。

非課税取引は仕入税額控除の適用を受けることができませんが、免税取引は仕入税額控除の適用を受けることができます。

3-3

自営業者・フリーランスと消費税

フリーランスは消費税を払わなくてよい？

◆あなたは確定申告のときに消費税を納めていますか？　売上が基準を上回る方は消費税を納めなければなりません。

課税売上高1000万円が基準になる

フリーランスには、消費税を納めている方と納めていない方がいます。「払いたくないから」「お金がないから」という方はさておいて、消費税を払うか否かはその方に納税義務があるか、ないかで決まります。

自営業者や個人事業主は、**消費税の納税義務がある課税事業者と、納税義務を免除されている免税事業者**に分けることができます。

課税事業者になると、消費税を納付しなければならないだけでなく、消費税がかかる取引の記録や集計、申告といった事務手続きも求められます。

では、課税事業者か免税事業者かどうかを判定する基準は何なのでしょうか。

それは、前々年の課税売上高です。1000万円を超えると課税事業者、それを下回れば免税事業者になります。

開業して2年目までは免税事業者

新規開業した方は、自動的に2年間は免税事業者になります。新規開業した方は、いろいろとたいへんだからということでしょうか。

とはいえ、免税事業者でも特定期間中（前年の1月1日から6月30日までの半年間）に1000万円を超える課税売上を記録した場合は、その期間から課税事業者になり、納税義務が生じます。

開業3年目以降は、基準期間と特定期間の課税売上高で判定され、1000万円を超えなければ免税事業者のままとなります。

免税事業者は消費税をもらっていても支払わなくてよい

免税事業者は消費税の納税義務がありませんから、たとえ商品などを販売するときに顧客から消費税を受け取っていたとしても、消費税を税務署に納付する必要はありません。

一方、課税事業者になると消費税分の負担が発生するわけですから、一見すると免税事業者のほうがお得だと思えますが、そうとばかりはいえません。

課税事業者になると、売上時に受け取った消費税から仕入れなどで支払った消費税額を差し引いて納税額を算出します。このとき、受け取った消費税より支払った消費税が多ければ、超過分が還付される可能性があるのです。

たとえば、高額な設備投資を行ったり、売上が大幅に減少したりした場合は、消費税の還付を受けられる可能性が高くなります。

国外取引は消費税の課税対象外ですから、輸出が主な事業で売上の多くが免税取引の場合も同様です。

ただし、**令和5（2023）年10月から始まる「インボイス制度」の影響が少し心配されます**。免税事業者でもインボイスに登録すると課税事業者となるからです。インボイス制度については、次項でくわしく解説します。

3-4

インボイス制度

インボイスって何？

◇「インボイス」ということばを聞いたことがある方も多いと思います。ここでは、その内容についてわかりやすく解説します。

インボイス制度は海外では当たり前

インボイス（適格請求書）制度は、令和５（２０２３）年10月１日導入の新しい仕入税額控除の方式です。

ヨーロッパ諸国、オーストラリア、ニュージーランド、シンガポールなどの国では以前から導入されていて、日本でも消費税が始まったときから検討されていました。というのは、免税事業者は商品・サービスの販売で受け取った消費税を納めなくてよいので、課税事業者と不公平が生ずるという課題があったからです。

また、令和元（２０１９）年10月、消費税増税に伴う軽減税率の導入で、８％と10％という2種類の消費税率が混在するようになり、仕入税額や販売時の税額計算が複雑化しました。そのため、税率ごとに分けて計算しないと正確な納税額を算出できなくなったこともインボイス制度導入の一つの要因です。

インボイス制度により個人事業主も消費税を納める？

インボイス制度により登録事業者になると、売上1000万円以下の小規模の自営業者や個人事業主も課税事業者となり、消費税を納めなければならなくなります。つまり、**いままで免税されていた消費税を納める**わけです。大騒ぎになるのもわかります。

インボイス制度により、取引先は仕入税額控除を行うために、小規模の自営業者や個人事業主からも適格請求書を受け取る必要があります。

適格請求書の発行は課税事業者にしか認められていないため、取引先から要求があれば小規模の自営業者や個人事業主は課税事業者への転換を考えなければなりません。

ただし、従来の免税制度がなくなるわけではないので、免税事業者のままでいるという選択肢もあります。だからこそ小規模の自営業者や個人事業主は、インボイスに登録するか否かで迷っているわけです。

インボイス制度のイメージ

『元国税局芸人が教える わかる、得する！ 超やさしい税金の教科書』お詫びと訂正

この度は『元国税局芸人が教える わかる、得する！ 超やさしい税金の教科書』（2023年7月11日初版1刷）をご購入いただきまして、誠にありがとうございます。本書におきまして、図版内の表記に誤りがございました（右下の囲み部分）。以下のとおり訂正し、謹んでお詫び申し上げます。

P110　インボイス制度のイメージ

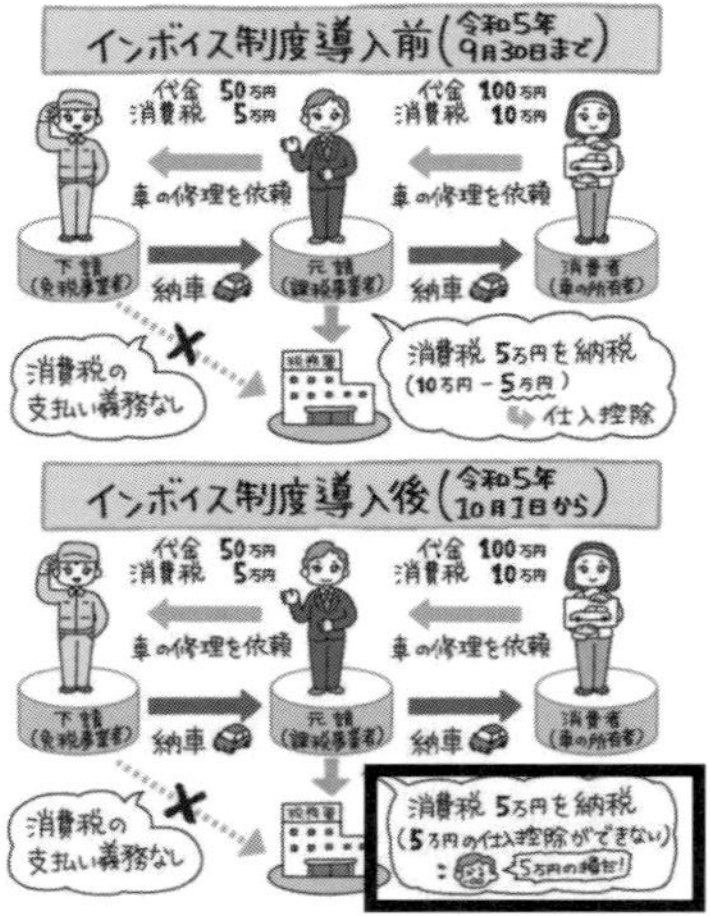

（誤）

（正）

経過措置の間は様子見するのも一つの方法

免税事業者のままでいることを選択した場合、取引先は仕入税額控除の適用を受けることができずに、納税額が上昇して利益が少なくなります。それを避けるため、**インボイス制度に対応している相手とだけ取引を行う会社も出てくるでしょう**。

課税事業者になることを選択した場合はどうでしょう。免税事業者のままでいることを選ぶ業者がいることを考えると、取引先が増える可能性があります。

インボイス制度の導入により、多くの方にさまざまな影響が出ます。そのため、免税事業者からの課税仕入れには段階的な経過措置があります。

最初の3年間は8割、その後の3年間は5割の仕入税額控除が認められます。この経過措置の間に、インボイスに登録をして課税事業者になるか、免税事業者のまま事業を行っていくかを見きわめていくのもよい方法だと思います。

インボイス制度の経過措置

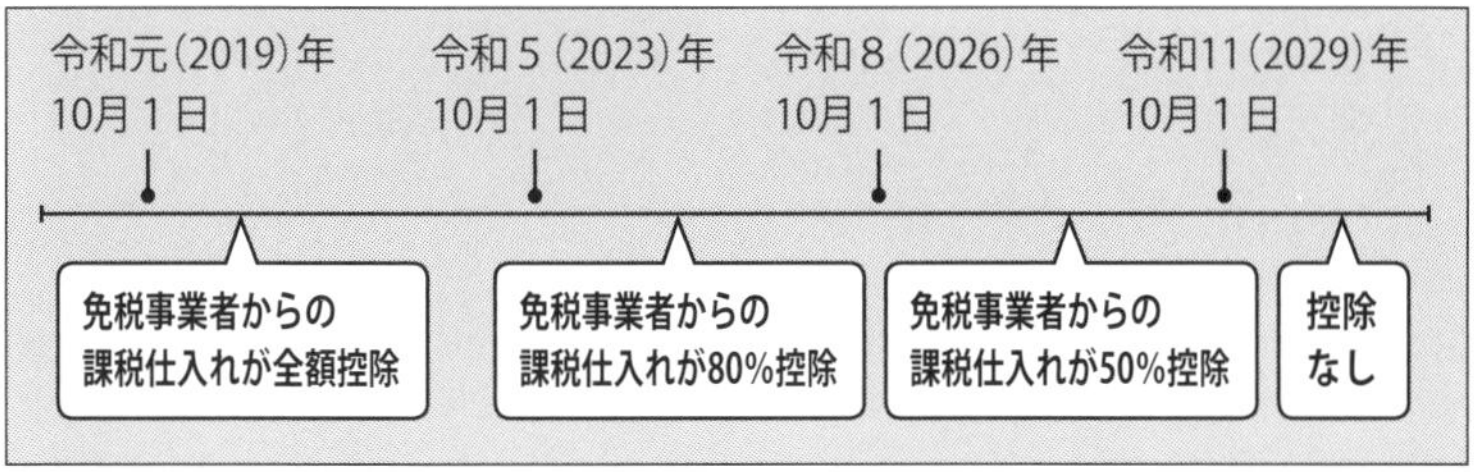

インボイスを始めるための手順

①申請書を作成して申請する

書面で申請する場合は、国税庁のホームページから適格請求書発行事業者の登録申請書（国内事業者用）をダウンロードし、必要事項を記入して納税地の税務署に提出します。

e-Taxを利用すれば、インターネット上で書類の作成から申請までを行うことができます。パソコンで利用できるWeb版、スマートフォンやタブレットで利用できるSP版（国内の個人事業者のみが対象）もあります。e-Taxの申請には、マイナンバーカードなどの電子証明書と利用者識別番号等が必要です。

インボイス登録申請書を提出してから登録通知書が交付されるまでは1か月ほどかかりますから、**時間がかからないe-Taxでの申請がおすすめ**です。

登録通知書は、書面申請では郵送で、e-Tax申請ではメッセージボックスに届きます。メールアドレスを登録しておけば、メールで通知書が送られてきます。

②登録通知書が交付されたら、取引先に登録番号や交付・受領方法を通知する

③制度が始まったらインボイス（適格請求書）を発行する

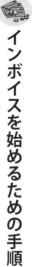

消費税の計算方法を覚えておこう

消費税は、原則として課税売上等に係る消費税額から課税仕入れ等に係る消費税額を差し引いた金額を納税します。

課税売上等に係る消費税額を出すときは、一般課税と簡易課税による方法があります。

一般課税では、一つひとつの取引について、消費税の課税取引・非課税取引・対象外取引をそれぞれ会計ソフトなどに入力し、実際の課税仕入れに係る消費税額を集計しなければなりません。

これに対して簡易課税は、みなし仕入率を使用して仕入れに係る消費税額を計算します。みなし仕入率は業種によって異なり、卸売業90%、製造業70%、サービス業50%、不動産業40%などと決まっています。

簡易課税による消費税額の計算例

売上高が 2,000 万円、仕入高が 1,000 万円の製造業を営んでいる事業者の場合

【課税仕入れ等に係る消費税額】

売上高2,000万円 × 10% ＝ 200万円

【課税売上等に係る消費税額】

売上高2,000万円 × みなし仕入率70% × 10% ＝ 140万円

【消費税納税額】

200万円－140万円＝60万円

酒税・ガソリン税・たばこ税

◆購入する製品自体に税金がかかるものを担税物品といい、ビールやウイスキーなどの酒類、ガソリンや灯油、たばこがあります。

酒税は年々減少傾向にある

日本酒やビール、ウイスキーなどのお酒にかかる税金が酒税です。

酒税の歴史は古く、鎌倉・室町時代から幕府による酒税の徴収が行われていました。国税収入の約４割が酒税という時代もありましたが、１９９０年代に入ってからは減少傾向となっています。

たくさんの量を飲む人が少なくなったこと、人口の高齢化が進んだことなどが酒税減少の原因とされています。

酒税の対象になるのは、アルコール分1度以上の飲料です。税額はお酒の種類やアルコール度数によって細かく決められています。

税金は製造者や輸入者が納めますが、価格に含まれているため、実際に負担しているのは消費者です。

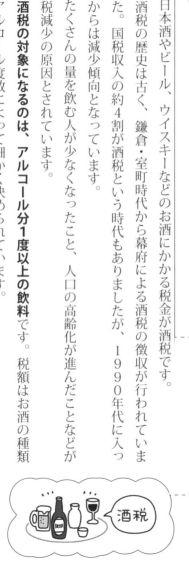

ビールと発泡酒の税率は2026年に一本化される

酒税の税率は、時代とともに変わってきています。税率は、**ビールは減少傾向、発泡酒や新ジャンルは増加傾向、清酒は減少傾向、ワインなどの果実酒は増加傾向**です。

段階的に調整されてきた酒税ですが、令和8（2026）年10月にビール、発泡酒、第3のビールは、1キロリットル当たり155円に一本化されます。

物価高が進むなか、安定した酒税を確保するために国がどのような政策を打ち出していくのか、注目していきましょう。

ガソリン税は道路整備を目的に導入された

ガソリン税の正式名称は、「揮発油税及び地方揮発油税」です。揮発油税は国税、地方揮発油税は地方税

アルコール分1度以上の飲料

発泡性酒類 ビール、発泡酒、その他の発泡酒（ビールや発泡酒以外の酒類のうちアルコール分が10度未満で発泡性を有するもの）
醸造酒類 清酒（日本酒）、果実酒（梅酒・ワインなど）、その他の醸造酒
蒸留酒類 連続式蒸留焼酎、単式蒸留焼酎、ウイスキー、ブランデー、原料用アルコール、スピリッツ
混成酒類 合成清酒、みりん、甘味果実酒、リキュール、粉末酒、雑酒

になります。

ガソリン税は、道路整備が急務とされた１９５０年代に設定されました。当初は道路整備を目的とした特定財源でしたが、平成21（２００９）年に厳しい財政事情や環境面への影響の配慮という理由で一般財源へ移されました。

ちなみに、**特定財源は使いみちが決まっているお金のことで、一般財源は使いみちが決まっていないお金のこと**をいいます。

一般財源になると、道路整備のために集めた税金が他のことに使われる可能性があるわけです。税金の使いみちについては、政府がしっかり説明するべきだと思います。

ガソリンにはガソリン税以外にも税金がかかっている

ガソリンには、ガソリン税以外の税金もかかっています。ガソリンの本体価格に加え、ガソリン税、石油石炭税、環境税（地球温暖化対策の税）、消費税です。

消費税は本体価格とガソリン税などを足した価格に10％をかけることから二重課税を指摘する声も多く聞かれます。一方で、ガソリン税や石油税は石油会社に納税義務があり、消費税は消費者が間接的に支払うため、二重課税には当たらないという見解もあります。このあたりはちょっと複雑ですね。

いずれにせよ、昨今のガソリン価格高騰により、ガソリン税についてはさまざまな意見が出てくると思います。**電気を動力とする電気自動車（EV）がもっと普及するまで、ガソリン価格の推移には注意したい**ところです。

ガソリン価格の内訳

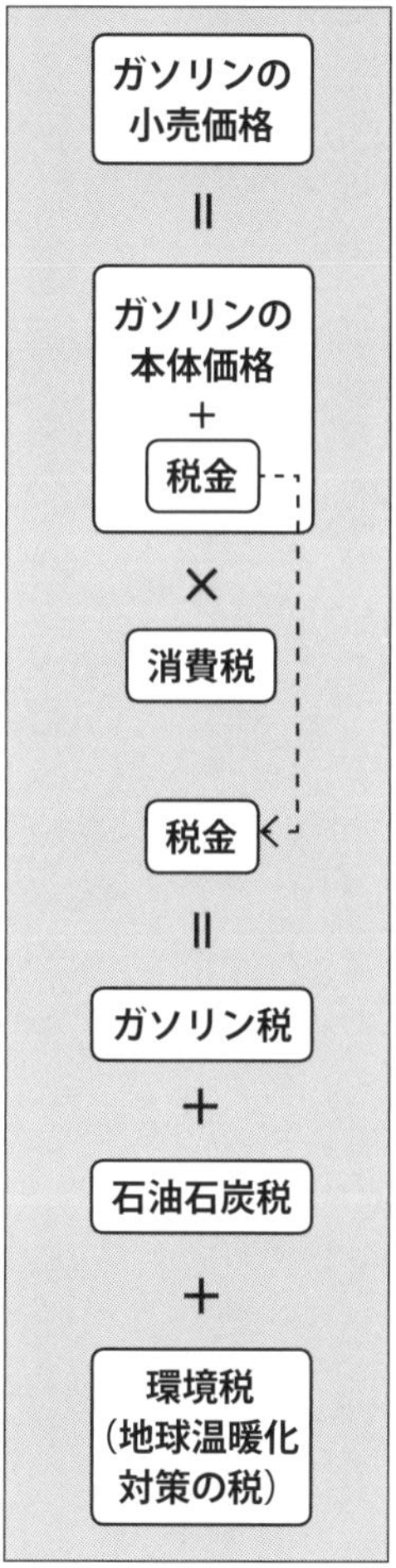

たばこは6割以上が税金

たばこ税は、国たばこ税・地方たばこ税・たばこ特別税で成り立っていて、それぞれ税率が異なります。

たとえば、1箱580円のたばこでは、合計約304円のたばこ税が課せられています。そこに約52円の消費税が加わると、税の合計は約356円となります。つまり、定価の6割以上が税金になるわけです。

たばこ税は増税を繰り返していて、税収は2兆円台を推移しています。たばこを吸う方は減少しているわけですから、**喫煙者の負担が年々増大している**といえるでしょう。

たばこ1箱（580円）にかかる税金

Part 3のまとめ

日常の取引には、消費税がかかるもの、かからないものがあります。
「課税」「不課税」「非課税」「免税」の違いを理解しましょう。

- 消費税がかからない「不課税取引」、消費税が発生しない「非課税」がある
- 課税事業者と免税事業者は課税売上高で分けられる
- インボイスに登録すると課税事業者になり、消費税を支払わなければならない

Part 4

「財産」にかかる税金

このPartでわかること

Part4では、土地や建物、金融商品、自動車などの財産にかかる税金、住宅ローンや控除について解説します。

- 土地・建物の購入、所有、譲渡にかかる税金は何か
- 金融商品の取引で発生した利益や損失に税金はかかるのか
- 自動車にかかる税金にはどのようなものがあるのか

4-1 土地や建物にかかる税金は？

夢のマイホーム――いまでもときどき耳にすることばですが、住宅の購入を考えている方は、税金のことを考えた資金計画を立てることが大切です。

家を購入したときにかかる税金

住宅を購入すると、さまざまな税金がかかります。購入時だけではなく、入居後に毎年かかる税金や、住宅を売るとき、だれかに譲るときにも税金がかかります。

まず、購入時にかかる税金を見ていきましょう。

購入時にかかる税金は、印紙税・登録免許税・消費税の3つです。

①印紙税（印紙代）

日常の取引で作成する契約書や領収書な

印紙税額
（契約金額500万円超～５億円以下の場合）

契約金額	現行の税額	軽減税率の税額
500万円超～1,000万円以下	1万円	5,000円
1,000万円超～5,000万円以下	2万円	1万円
5,000万円超～1億円以下	6万円	3万円
1億円超～5億円以下	10万円	6万円

ど、特定文書の作成にかかる税金です。住宅の購入でいうと、**不動産売買契約書や住宅ローンの金銭消費貸借契約書などが対象**で、契約書に印紙を貼り、印鑑を押印することで納税となります。

印紙税額は、契約金額によって異なります。契約金額は物件価格のことで、住宅ローンの場合は借入額になります。令和6(2024)年3月31日までに作成されたものについては、税額の減税措置(軽減税率)が適用されます。

②登録免許税

土地や建物を登記するときにかかる税金で、**法務局に支払う手数料のようなもの**です。購入代金の手続きが終わり、所有権移転や保存の登記手続きをするときに必要となります。

税額は、土地や建物の場合は固定資産税評価額(土地や建物の評価額)、または課税標準額に税率をかけて計算します。

登録免許税額

●保存登記

固定資産税評価額 × 0.4%

↓

(住宅用家屋の軽減税率は 0.15%)

●土地移転登記、売買

固定資産税評価額 × 2%

↓

(移転登記の軽減税率は住宅用家屋 0.3%、土地 1.5%)

●抵当権設定

融資金額 × 0.4%

↓

(住宅用家屋の軽減税率は 0.1%)

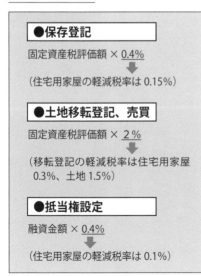

住宅ローンに必要な抵当権(金融機関が土地や建物に設定する権利＝担保のこと)設定登記では、融資金額(ローン借入額)に税率をかけます。令和6(2024)年3月31までに取得したものについては、税額の減税措置(軽減税率)が適用されます。

③消費税

物を購入したときやサービスを利用したときは消費税がかかりますが、住宅を購入したときも例外ではありません。ただし、土地の売買に関しては非課税で、消費税がかかるのは建物に対してだけです。個人の間で住宅の売買を行う場合は、非課税になるケースもあります。

不動産取得税は入居後にかかる税金

不動産取得税は地方税で、土地や建物を購入した後、入居したときにかかる税金です。入居後に自治体から納税通知書が送られてきますが、通知書が届くまで1年近くかかることがあります。

不動産取得税の税額は、「課税標準額×税率」で計算します。

課税標準額はその不動産価格のことですが、実際に売買したときの時価ではあ

住宅の購入をお考えの方であれば、土地の課税標準額が半額になるチャンスを活かさない手はないと思います。

りません。固定資産税評価額のことで、土地の場合は時価の７割程度、建物の場合は時価の５〜６割程度が目安といわれています。

税率は宅地、住宅ともに原則として４％ですが、令和６（２０２４）年３月31日までに取得したものについては３％に引き下げられる軽減措置が設けられています。ただし、別荘、事務所、店舗など住宅以外の家屋の場合は４％のままです。

また、令和６年３月31日までに宅地を取得した場合は、土地の課税標準額が２分の１になります。

ポイントは、土地の上に建てられた家屋の用途を問わずに軽減措置が適用されることです。土地取引の活発化を促すことで経済を活性化したいという国の思惑が働いているためといわれています。

不動産取得税

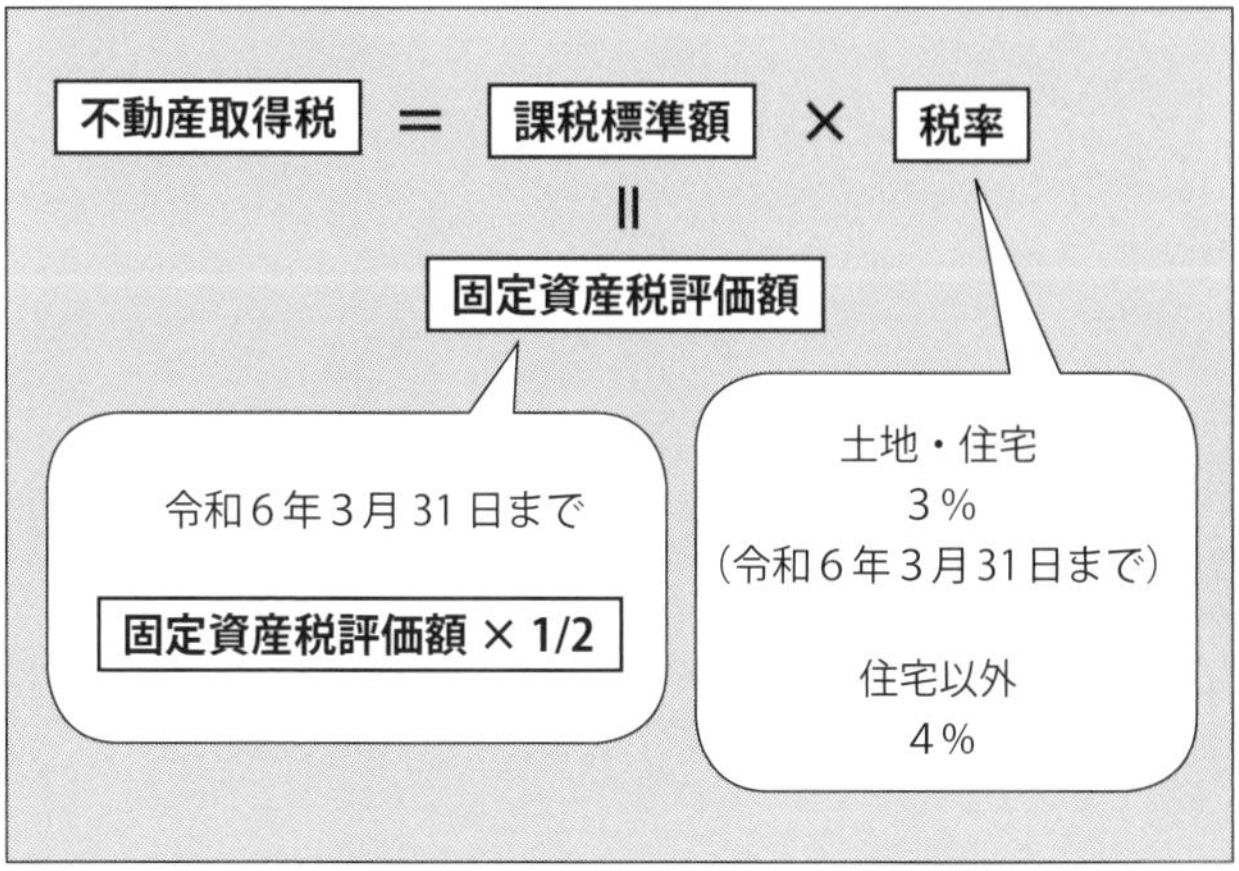

固定資産税と都市計画税は毎年かかる税金

土地や建物を購入した後にも税金がかかります。

固定資産税と都市計画税は、その年の1月1日の時点で不動産や償却資産を所有する方にかかります。不動産は建物や土地、償却資産は事業用の資産のことで、償却資産に土地や家屋は含まれません。

固定資産税はすべての不動産を所有している方が納めるもので、都市計画税はそのうちの市街化区域にある不動産を所有する方が対象になります。

固定資産税や都市計画税は、自治体から4月〜6月頃に通知されるのが一般的です。納期限は4回に分かれていて、納期限は自治体によって異なります。

①固定資産税

個人や法人が所有する一定の固定資産に対して、市町村など自治体が課税する地方税です。毎年1月1日現在

固定資産税

の不動産所有者（固定資産課税台帳に登録されている不動産）で、次の３つが課税対象となります。

(1)土地…田、畑、宅地、塩田、鉱泉地、池沼、山林、牧場、原野など

(2)家屋…住家、店舗・工場（発電所・変電所含む）、倉庫など

(3)償却資産…土地、家屋以外の事業用資産

一戸建てを所有する方は、土地と家屋の２つの不動産を所有することになりますので、固定資産税も土地と家屋の両方にかかります。

マンションの一戸を所有する方も同様です。これは、一戸部分とそのマンションが建つ敷地を戸数などで割った面積の土地を所有することになるからです。

固定資産税は次の算式で求めますが、一定の条件を満たせば軽減措置を受けることができる場合もあります。

固定資産税 ＝ 課税標準額 × 固定資産税の税率（1.4％）

固定資産税の軽減措置

対象		軽減措置	備考
住宅	戸建て住宅	３年間固定資産税額の 1/2 を減額	令和６年３月 31 日まで新築の場合で１戸あたり 120 ㎡相当分までが限度
	マンション等	５年間固定資産税額の 1/2 を減額	３階建て以上の耐火・準耐火建築物
土地	小規模住宅用地	固定資産税額× 1/6	住宅用地で住宅１戸につき 200 ㎡までの部分
	一般住宅用地	固定資産税額× 1/3	小規模住宅用地以外の住宅用地（200 ㎡を超える部分）

②都市計画税

都市計画事業や土地区画整理事業に使用することを目的とした地方税です。

毎年1月1日現在の市街化区域内の土地や家屋の所有者が対象で、固定資産税とあわせて納付します。

市街化区域内にある不動産かどうかは、不動産会社や各自治体でも確認することができます。

都市計画税は次の算式で求めます。

都市計画税＝固定資産税評価額×都市計画税の税率（上限0.3％）

都市計画税の税率は自治体によって異なりますが、上限は0.3％と定められています。一定の条件を満たすことで軽減措置を受けられる場合もありますが、その対象となるのは土地だけで、建物は対象外です。

都市計画税の軽減措置

対象		軽減措置	備考
住宅	戸建て住宅	減額なし	令和6年3月31日まで新築の場合
	マンション等	減額なし	3階建て以上の耐火・準耐火建築物
土地	小規模住宅用地	固定資産税額×1/3	住宅用地で住宅1戸につき200㎡までの部分
	一般住宅用地	固定資産税額×2/3	小規模住宅用地以外の住宅用地（200㎡を超える部分）

4-2

住宅ローン控除のしくみ

住宅ローンと税金の関係は？

◆マイホームを購入するとき、多くの方は住宅ローンを組むと思います。住宅ローン控除は、所得税を減らすことができる制度です。

住宅ローンを組むと税金が安くなる

住宅ローン控除（正式には住宅借入金等特別控除）は、「**住宅ローン減税**」とも呼ばれます。多くの方が住宅を取得できるように、所得税から控除することによって購入する方の負担を軽くすることを目的とした制度です。前年の所得税から控除しきれない金額がある場合は、翌年度の住民税から控除されます。

令和4（2022）年の税制改正により、中古住宅の適用条件だった「築年数による制限」が撤廃され、新耐震基準に適合している住宅（昭和56年6月1日以降の住宅）であれば築年数に関係なく住宅ローン控除の対象になりました。

税制改正で控除率は下がったが期間の延長はプラス

令和4年の住宅ローン控除に関する税制改正では、次の2つが変わりました。

①控除率が1.0％から0.7％に引き下げられた
②控除期間が最長10年間から13年間に延長された（中古住宅の場合は、従来どおり最長10年間のまま）

控除率が下がると減税額が減るため、「改悪ではないか」という声も聞かれましたが、控除期間が最長13年間に延長されたことで相殺されました。

住宅ローン控除の主な適用要件
（新築住宅を購入する場合）

①住宅ローンの返済期間が10年以上であること
②控除を受けようとする方が、住宅の引渡し日または工事の完了から６か月以内に居住し、その年の12月31日まで居住していること
③住宅の床面積が50㎡以上でその2分の1以上が自己の居住用であり、控除を受ける年の合計所得金額が2,000万円以下であること（2023年末までに建築確認を受けた新築住宅の場合は、住宅の床面積が40㎡以上50㎡未満でその2分の1以上が自己の居住用であり、控除を受ける年の合計所得金額が1,000万円以下であること）

住宅の環境性能によって優遇措置が受けられる

令和4年の税制改正で変わったことはまだあります。住宅の環境性能によって、住宅ローンの借入上限額や控除額が細かく設定されるようになったことです。

対象となる住宅は、次のものです。

①長期優良住宅（耐震性、バリアフリー性、省エネ性などの基準を満たした住宅）

②低炭素住宅（低炭素化の措置を講じるなど省エネ性を備えた住宅）

③ZEH（ゼッチ）水準省エネ住宅（エネルギーゼロを目指す大幅な省エネ性に優れた住宅）

④省エネ基準適合住宅（省エネ性に優れた住宅）

要は、省エネ性や耐震性に優れ、環境負荷が低い住宅は優遇措置が受けられるようになったのです。建築コストはかかりますが、2024年に入居以降、これらの基準に対応していない一般住宅は住宅ローン控除の対象外になります。これも、**脱炭素社会に向けての取組の一つ**といえるでしょう。

中古住宅を購入して住宅ローン控除の適用を受けるためには、新耐震基準に適合していなければなりません。控除期間は、新築より短く最長10年間です。

住宅ローン控除（新築住宅）

住宅の環境性能等	借入上限額		最大控除額		控除期間
	2022年・2023年入居	2024年・2025年入居	2022年・2023年入居	2024年・2025年入居	
長期優良住宅 低炭素住宅	5,000万円	4,500万円	455万円	409.5万円	最大13年間
ZEH水準 省エネ住宅	4,500万円	3,500万円	409.5万円	318.5万円	
省エネ基準 適合住宅	4,000万円	3,000万円	364万円	273万円	
その他住宅	3,000万円	0万円	273万円	0万円	

住宅ローン控除（中古住宅）

住宅の環境性能等	借入上限額	最大控除額	控除期間
長期優良住宅 低炭素住宅	3,000万円	210万円	最大10年間
ZEH水準 省エネ住宅			
省エネ基準 適合住宅			
その他住宅	2,000万円	140万円	

＊出典：国土交通省ホームページ（改変）

リフォームも控除の対象

住宅をリフォームしたときは、**住宅ローン控除とリフォーム特別控除の対象になります**。適用要件を満たすリフォームを行った場合は、税務署に確定申告の手続きをすることで控除を受けることができます。

控除の対象となるリフォーム工事

①増築、改築、建築基準法で規定された大規模な修繕・模様替えの工事
②マンションなどの専有部分の床、階段または壁の過半について行う一定の修繕・模様替えの工事
③家屋、マンションの専有部分のうち一定のリビング、キッチン、浴室、トイレ、洗面所、納戸、玄関または廊下などの一室の床または壁の全部について行う修繕、模様替えの工事
④一定の耐震改修工事
⑤一定のバリアフリー改修工事
⑥一定の省エネ対応の工事

住宅ローン控除を受けるためのリフォームの要件

①リフォーム費用が 100 万円以上であること
②ローンの返済期間が 10 年以上であること
③リフォーム後の住宅の床面積が 50 ㎡以上であること
④リフォームしてから 6 か月以内に居住すること
⑤ローンを利用した人が居住する住宅であること

リフォームの住宅ローン控除では、控除期間は10年間、控除額は年末ローン残高の0.7%、控除対象借入上限額は２０００万円です。

一方、リフォーム特別控除は、控除期間が1年間で、ローンの有無を問わず所得税が控除されます。対象となるのは耐震、バリアフリー、省エネといった性能向上を目的にしたリフォーム工事です。リフォーム特別控除を受けるためには、入居した年の翌年に確定申告をする必要があります。

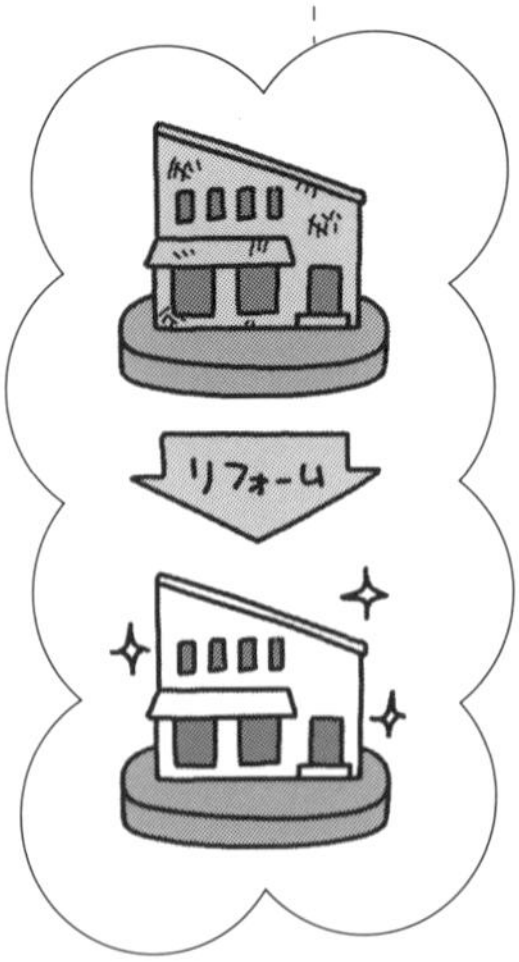

リフォーム特別控除

対象の工事	必須工事費用の上限額	最大控除額	控除期間
耐震	250万円	62.5万円	最大1年間
バリアフリー	200万円	60万円	
省エネ	250万円 （350万円）	62.5万円 （67.5万円）	
多世帯同居	250万円	62.5万円	
長期優良住宅化 （耐久性向上＋耐震＋省エネ）	500万円 （600万円）	75万円 （80万円）	
長期優良住宅化 （耐久性向上＋耐震または省エネ）	250万円 （350万円）	62.5万円 （67.5万円）	

＊出典：国土交通省ホームページ（改変）

4-3

住宅を売却したときの税金

住宅を売ったときにも税金がかかる？

◆自宅を売却したときの利益にも税金がかかります。では、損失が出た場合はどうでしょう。税金が安くなる特例制度が用意されています。

住宅を売却して利益が出たときは税金がかかる

住宅を売却した際に利益（売却益）が発生すると、譲渡所得として税金がかかります。譲渡所得は、土地や建物などの不動産を売却した価格から、取得費と譲渡費用を差し引いた金額のことです。

譲渡所得 ＝ 不動産の売却価格 － （取得費＋譲渡費用）

取得費は、土地や建物の購入代金、購入手数料、その後の設備費や改良費を加えた合計金額ですが、建物については使用状況や経過年数によって価値が下がるため、減価償却費用を差し引く必要があります。

譲渡費用は、土地や建物を売却したときにかかる不動産取引の会社に支払った仲介手数料、測量費、売買契約書の印紙代、借家人に支払った立退料、建物を取り壊して土地を売るときの費用などのことをいいます。

譲渡所得の税率は所有期間によって変わる

譲渡所得に税率をかければ譲渡所得税額を出すことができますが、土地や建物を所有した期間によって税率は変わります。

●**短期譲渡所得**：売却した年の1月1日時点で所有期間が5年以下の場合。税率は39・63％（所得税30％、住民税9％、復興特別所得税0.63％）

●**長期譲渡所得**：売却した年の1月1日時点で所有期間が5年を超える場合。税率は20・315％（所得税15％、住民税5％、復興特別所得税0.315％）

ここでいう所有期間は、不動産を取得した日（取得日）から売却した日（売却日）までの期間です。

短期譲渡所得では約4割、長期譲渡所得でも約2割の税金がかかるわけです。不動産を売却するときは、後で支払う税金のことを考えて計画を立てましょう。

税金がたいへん
はぁ…

少しは得

最大3000万円の控除を受けられる

不動産を売却して売却益が出た場合の税金対策として覚えておきたいのが、「**居住用財産を譲渡した場合の3000万円の特別控除の特例**」です。この特例は、所有期間の長短に関係なく売却で得た利益(譲渡所得)から最大3000万円の控除を受けることができる制度です。

控除の適用を受けるためには、次の要件を満たしていなければなりません。

①住まなくなってから3年以内に売却していること
②売却までにその他の土地を活用して利益を得ていないこと
③売却した年から3年前までにこの特例を受けていないこと
④売り手と買い手が親子などの特別な関係にないこと

厳しい要件ですが、不動産の売却を考えている人にとっては、非常にありがたい特例制度だと思います。

所有期間が10年を超えるとさらにお得に

所有期間が10年超える居住用の不動産を売却する場合、さらに税金は安くなります。譲渡所得に対して軽減税率を適用することができる「**10年超所有軽減税率の特例制度**」です。

①譲渡所得のうち6000万円以下の部分…軽減税率14・21%（所得税10・21%、住民税4%）

②譲渡所得のうち6000万円を超える部分…20・315%（所得税15・315%、住民税5%）

譲渡所得が6000万円以下であれば税率は6%ほど下がるのでお得ですし、前述の「3000万円の特別控除の特例」と併用ができるのもうれしいところです。

この2つの特例を併用する場合は、まず3000万円を譲渡所得から控除し、次に軽減税率を適用させることになります。

「10年超所有軽減税率」の特例制度

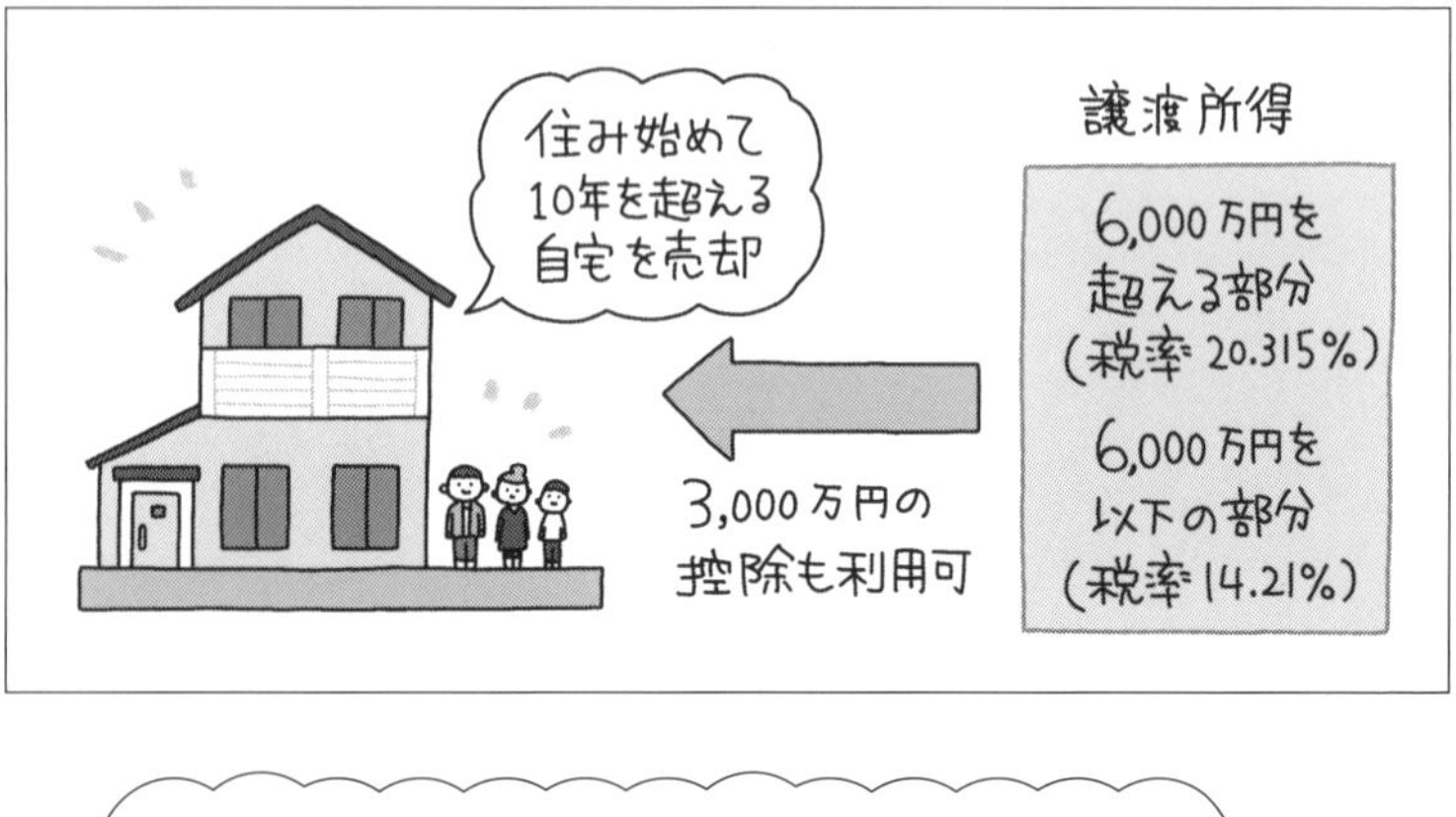

特例の対象になるマイホームは、家屋と敷地がセットとなります。家屋だけを売却する場合は軽減税率が使えませんので注意しましょう。

「損益通算」を利用すれば減税が可能

不動産を売却したとき、必ずしも利益が出るとは限りません。購入したときの買い値より売却するときの売り値が下がっていれば損をすることになります。

このような譲渡損失が出た場合は、不動産を売却した年の事業所得など他の所得から損失分を差し引くことができます。これを「**損益通算**」といいます。

損失額がすべての所得より多く、相殺しきれないときは、不動産を売却した年だけでなく、翌年以降の所得から繰り越して差し引ける繰越控除を利用できる場合があります。これは「**譲渡損失の繰越控除**」と呼ばれる特例です。

この特例は、売却した年の翌年から最長3年間の所得まで繰り越して控除することができるのが特長で、次のような要件があります。

①売却(譲渡)を行った年の1月1日時点で所有期間が5年を超える不動産を売却した場合であること

②売却した自宅について、売却の前日に返済期間10年以上の住宅ローン残高があること

③繰越控除をする年の合計所得額が3000万円以下であること

マイホームを買い換えて損失が出たときの特例制度

マイホームを売却して、新たに住宅を購入することもあると思います。売却価額より購入価額が高くなれば損失が生じます。このような場合は、「**マイホームを買い換えた場合の譲渡損失の損益通算及び繰越控除の特例**」制度を利用できる可能性があります。

この特例の適用を受けるための要件は次のとおりです。

①自分が住んでいたマイホームの売却(譲渡)であること
②売却(譲渡)を行った年の1月1日時点で所有期間が5年を超える不動産の売却所得(長期譲渡所得)であること
③売却を行った年の前年1月1日から、売却を行った年の翌年12月31日までの3年間に日本国内に床面積50㎡以上の家屋などの資産を購入し、購入した翌年の12月31日までにその住宅に居住するか、入居する見込みであること
④③の住宅に対し、償還期間10年以上の住宅ローンがあること
ただし、売却対象の居宅の敷地が50㎡を超える部分に対する損失や、合計所得金額が3000万円を超える場合など、適用できないこともあります。

譲渡損失の特例を利用する場合は、売却した翌年に確定申告する必要があります。2年目以降に繰越控除を受ける場合も同様ですので、お忘れなく。

4-4

金融商品と税金

株式などの金融商品に税金はかかる？

◆金融商品でおなじみなのは、株式や投資信託だと思います。株を売ったときの利益や配当金、分配金などには税金がかかります。

預貯金にもじつは税金がかかっている

金融商品は、銀行や証券会社などの金融機関が取り扱う株式や投資信託をはじめとする金融取引される商品の総称です。ＦＸ（外国為替）のほか、国外のものを含めると数多くの金融商品があります。

身近なものでは、**金融機関に預けている預貯金も金融商品の一種**です。預貯金には利息が発生し、税率20・315％（所得税及び復興特別所得税15・315％、地方税５％）の税金がかかっています。たとえば、１０００円の利息がついた場合、税金は２０３円（１０００円×20・315％）となります。預貯金は利子の支払いを受けるときに源泉徴収されるため、意識することはほとんどないと思います。

昨今の低金利で、金融商品に関心をもつ方も多くなっていますが、運用方法だけでなく税金についても勉強しておきましょう。

課税方法は分離課税か総合課税に分けられる

金融商品の課税方法は、大きく2つに分けることができます。

1年間の所得金額を給与など他の所得と分けて所得税額を計算する「**分離課税**」と、1年間の所得金額を他の所得と合計して所得税額を計算する「**総合課税**」の2つです。

分離課税は、さらに「**申告分離課税**」と「**源泉分離課税**」の2つに分類されます。申告分離課税は、一定の所得について、他の所得と合計せずに分離して所得税額を計算し、確定申告によって税金を納めます。

源泉分離課税は、支払いを受けるときに一定の税額が源泉徴収されます。徴収で納税は完結しますので、確定申告をする必要はありません。

金融商品の課税方法の種類

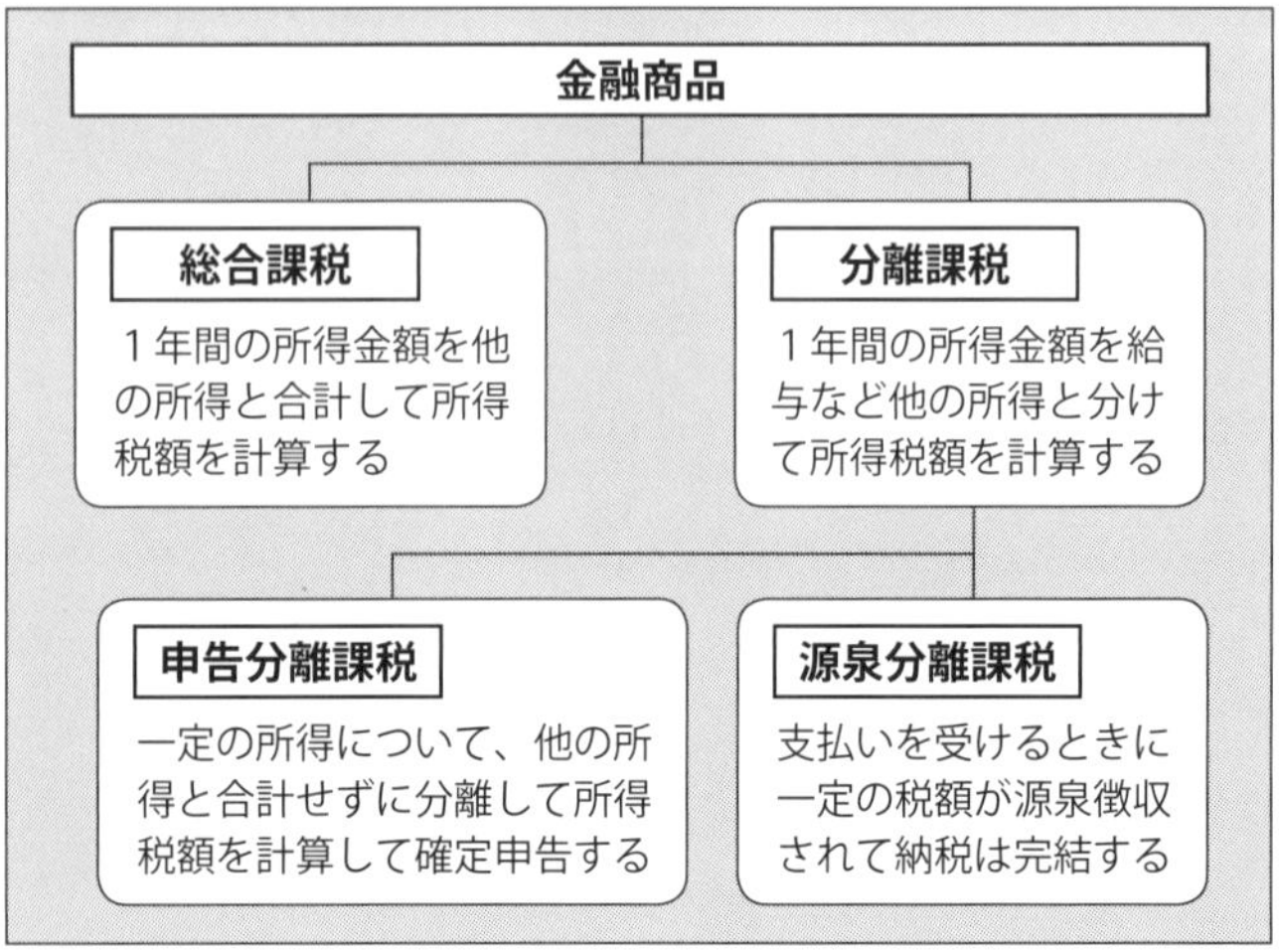

復興特別所得税は令和19(2037)年までかかります。

主な金融商品の課税方法と税率

金融商品	所得の種類	課税方法	税率
預貯金の利息	利子所得	源泉分離課税	20.315%（所得税15%＋復興特別所得税0.315%＋住民税5%）
上場株式	譲渡所得	申告分離課税	
EFT(上場投資信託)			
公募投資信託			
特定公社債			
外貨預金(為替差益)	雑所得	総合課税	15~55%（他の所得と合計）
FX(店頭取引)		申告分離課税	20.315%（所得税15%＋復興特別所得税0.315%＋住民税5%）
国内債権(割引債)	譲渡所得		
国内債権(利子債)			
外国債券(割引債)			
外国債券(利子債)			
純金		総合課税	15~55%（他の所得と合計）
プラチナ			

株の配当金があったときは？

◆株を保有していると、それだけで株主にお金が分配されることがあります。それが配当金です。株式の取引差益ではありません。

株を保有しているだけでお金がもらえる!?

配当金は、企業が得た利益の一部を株主に分配するお金のことです。

配当金はあくまで「その企業の利益の一部」ですので、**儲かっていない企業は配当金がないこともあります**。儲かっている企業でも設備投資などを優先することがあるため、必ずしも配当金が分配されるとは限りません。

! 配当金は、保有している株数に応じて支払われます。

株式の配当金の例

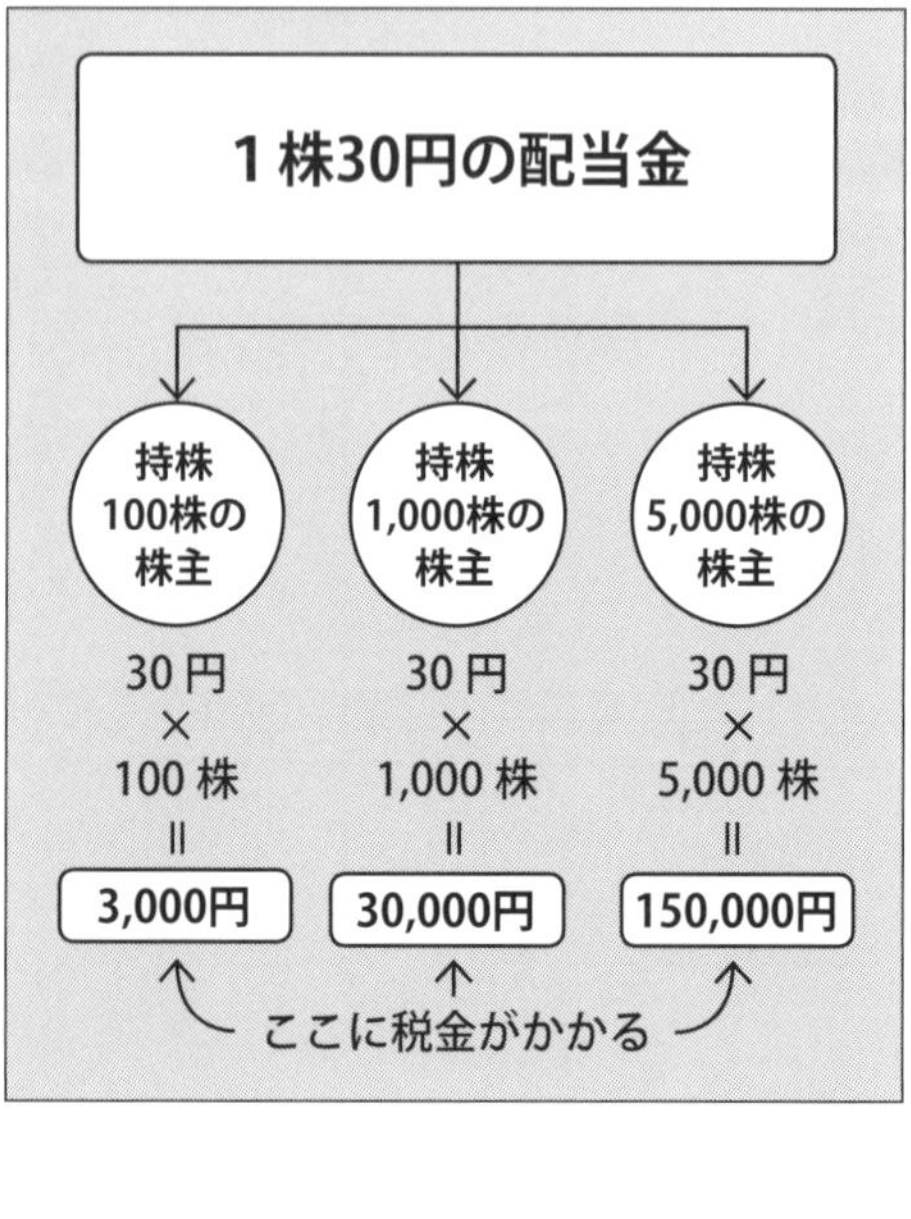

確定申告では2つの方法から選択する

配当金は税制上、配当所得として課税されます。

個人の配当金に対する税率は、20・315％（所得税・復興特別所得税15・315％、住民税5％）ですが、支払い時に源泉徴収されるため、原則として確定申告をする必要はありません。

ですが、**確定申告をすれば支払った税金の一部が還付される可能性があります。**確定申告をする場合は、総合課税と申告分離課税のどちらかを選択することになります。

総合課税では、他のさまざまな所得と配当所得を合算して所得税を計算するため、所得全体が多くなり、税率も高くなってしまいます。しかし、課税所得が695万円以下の方なら、配当控除により税率が低くなります。

申告分離課税を選択した場合はどうでしょう。株取引で損失が出た場合に、損失分だけ配当所得が減少し、納める税額も少なくてすみます。

どちらの方法を選択するかは納税者自身の判断となりますが、一部を総合課税、一部を分離課税とすることはできません。

株式の利益と税金

株取引で利益が出たときは？

◆株を売って利益が出たら、税金を支払わなければなりません。確定申告しなくてよい場合を覚えておきましょう。

株の利益は譲渡所得に税金がかかる

株取引で利益が出た場合は、譲渡所得に対して20・315％（所得税15％、復興特別消費税0.315％、住民税が5％）の税金がかかります。

ここでいう**譲渡所得は、株を売って得られる利益ではありません**。取引で得た収入金額（譲渡価格）から、株の取得にかかった費用（取得費）と証券会社への手数料など（譲渡費用）を差し引いた金額が譲渡所得となります。

たとえば、1000万円で取得した株を3000万円で売却した場合の譲渡所得は、3000万円から取得費1000万円（購入手数料を含む）と譲渡費用を差し引いた金額になるのです。

株式の譲渡所得

譲渡価格
株を売ったときの収入

－

取得費
株を買ったときの費用

－

譲渡費用
株を売ったときの手数料など

＝ **譲渡所得** ←― ここに税金がかかる

他の所得と分離して所得税額を計算する

株取引による譲渡所得は、**申告分離課税の方法で税金を支払います。**

申告分離課税は、他の所得と分離して所得税額を計算する方法です。上場株式等と一般株式等も別々に課税金額を計算します。

上場株式等は、主に金融商品取引所に上場されている株式などをいい、ＥＴＦ（上場投資信託）やＪ－ＲＥＩＴ（不動産投資信託）も含まれます。上場株式等以外のものが一般株式等になります。

株取引の口座によって納税方法は異なる

株取引で利益が出た場合は、原則として確定申告をしなければなりません。ただし、「源泉徴収ありの特定口座」を利用している方は確定申告をする必要はありません。

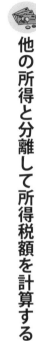

株式投資で利用できる口座には「**一般口座**」と「**特定口座**」の2種類があり、口座を開設するときに選ぶことができます。

一般口座は、1銘柄ごとの取引明細をもとに1年間の売却損益を計算し、利益が出ている場合は、翌年の2月16日から3月15日までの間に確定申告をして納税します。

特定口座の場合は、「源泉徴収あり」と「源泉徴収なし」があります。

どちらも証券会社が税金の計算をしてくれる点では同じですが、「源泉徴収あり」では利益が確定した時点で、利益の中からあらかじめ納税分が引かれる（源泉徴収）ことになります。納税の代行までしてくれるので、とくに何もすることがありません。

「源泉徴収なし」では、納税の計算はしてもらえるものの、確定申告をしなければなりません。

ですから、**確定申告が面倒であれば、特定口座の源泉徴収ありを選ぶのがおすすめ**です。

株式取引口座による確定申告

【取引口座】一般口座	【取引口座】特定口座 源泉徴収あり	【取引口座】特定口座 源泉徴収なし
↓	↓	↓
確定申告が必要	**確定申告の必要なし**	**確定申告が必要**
年間取引報告書（1年間の株取引をまとめた書類）をご自身で作成する	年間取引報告書は証券会社が作成してくれる	年間取引報告書は証券会社が作成してくれる

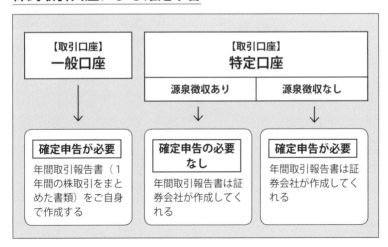

4-7

株式の損失と税金

株取引で損失が出たときは？

◆株取引をしていると損をする場合もあります。そのようなときに何もしない手はありません。確定申告をしたほうがよい場合があるのです。

株の損失は「損益通算」で減らすことが可能

株取引で損失が出た場合は、原則として確定申告をする必要はありません。ただし、確定申告をしたほうが得をする場合があります。それが「**損益通算**」という制度です。

譲渡損失をその年の利子・配当所得と相殺することで税金を少なくするのが損益通算です。複数の証券会社で株取引をしていて、それぞれの口座で売却益（譲渡利益）と売却損（譲渡損失）が出た場合は、確定申告をすることで売却益と売却損を相殺することができます。

損益通算の例

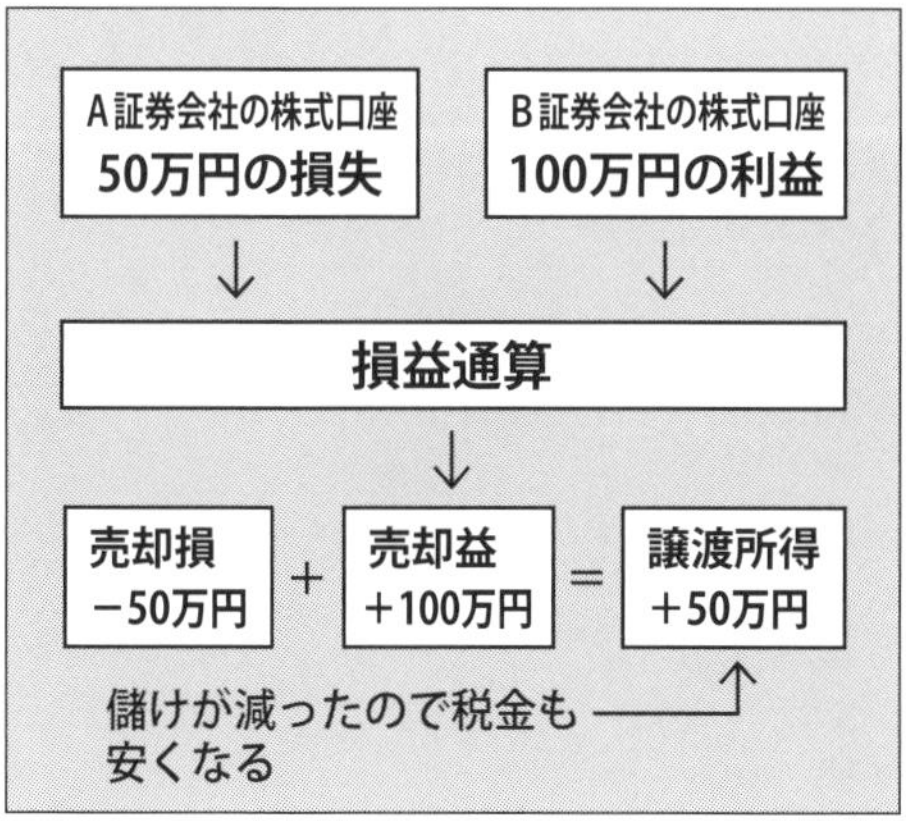

ただし、損益通算できるのは国内の証券会社を通じて売却した上場株式などの損失に限ります。FX(外国為替)やNISA、暗号資産は対象外です。

損失は最大3年間、繰越控除することができる

損益通算しても損失となることもあると思います。そのような場合は、「**譲渡所得の繰越控除**」の制度を利用することができます。

この制度は、その年に控除しきれない損失について、翌年以降最大3年間にわたって譲渡所得から繰越控除することができるものです。

この制度を利用するときは、損失を出した年の所得税について確定申告が必要になるほか、損失を繰越ししている間は毎年確定申告しなければなりません。その年に株式の売買をしていなくても、申告が必要になりますので注意が必要です。

株式の損失について繰越控除を利用するかどうかは納税者の任意となっており、確定申告による意思表示が必要だからです。

この制度は、上場株式などを売却したときに発生する損失を対象としていますので、非上場株式などで生じた損失は対象外になります。

4-8

自動車にかかる税金

自家用車にも税金がかかる?

◆自動車も貴重な財産ですが、乗る頻度にかかわらず、持っているだけで税金がかかりますので注意してください。

自動車を所有していると毎年、自動車税がかかる

自動車を所有していると、自動車税・軽自動車税(種別割)、環境性能割、自動車重量税がかかります。

自動車税・軽自動車税(種別割)は、**その年の4月1日時点で自動車を所有している方が支払う税金**です。令和元(2019)年の消費税の引き上げに伴い税額が引き下げられ、少し安くなりました。

自動車税は、自動車の種類や用途(乗用・貨物など)、排気量などによって税額が決まっていて、排気量が大きくなるほど高くなります。

また、税額は新車登録した年月と経過した期間により異なります。新車登録から13年以上が経過した自動車は、標準税率より約20%の増税となります。自動車を友人に譲るなど、名義変更した場合の自動車税には注意が必要です。自動

! 軽自動車は排気量660cc以下の四輪車

車税は4月1日時点の車の所有者に請求され、1年分をまとめて翌月に支払います。ですから、年の途中で車を譲り名義変更した場合は、**譲った側は所有していない期間分の税金も支払っていることになる**からです。

そのような場合は当事者間で話し合うことになりますが、月割計算し、新たに所有者となった側が名義変更した翌月以降の金額を支払うのが一般的です。

自動車税・軽自動車税の税額

（自家用の場合）

排気量	税額
軽自動車	10,800円
1,000cc以下	25,000円
1,000cc超 ～ 1,500cc以下	30,500円
1,500cc超 ～ 2,000cc以下	36,000円
2,000cc超 ～ 2,500cc以下	43,500円
2,500cc超 ～ 3,000cc以下	50,000円
3,000cc超 ～ 3,500cc以下	57,000円
3,500cc超 ～ 4,000cc以下	65,500円
4,000cc超 ～ 4,500cc以下	75,500円
4,500cc超 ～ 6,000cc以下	87,000円
6,000cc超	110,000円
電気自動車	25,000円

自動車取得税が廃止となって「環境性能割」が登場

令和元年、自動車を購入したときの価格に応じてかかる自動車取得税が廃止されました。その代わりに新たに導入されたのが「環境性能割」です。

環境性能割は、国が定めた燃費達成基準の達成率に応じて減税されるしくみになっています。つまり、**環境性能の優れた燃費のいい車は税金が安くなってお得**なわけです。

自家用の登録車の環境性能割の税率

電気自動車	非課税
令和12（2030）年度基準85%達成	非課税
令和12（2030）年度基準75%達成	1％
令和12（2030）年度基準60%達成	2％
令和12（2030）年度基準未達成	3％

＊2024年以降に新たに購入した車については、2030年度基準達成による税率の変更あり。

環境性能割の税額は、取得価額と税率で決まります。
取得価額は、課税標準額にオプション価格を加えたものです。

自動車重量税は古い車ほど税額が上がる

自動車重量税は、所有している自動車の重量や車種、新車登録時からの経過年数に基づいて課せられる税金です。軽自動車や社用車を問わず、**すべての自動車が課税対象**になります。原則として新車を購入するとき、あるいは車検を受けるときに納めます。

自動車の重さによって税額が変わり（軽自動車は一律）、重量0.5トンごとに年間４１００円を納付します。

また、新車の新規登録から13年以上経過すると税額が上がり、18年経過するとさらに税額は上がります。つまり、古い車ほど税金を多く支払わなければならないわけです。

主に道路の整備に使われる税金で、交通インフラを維持するために自動車重量税は欠かせません。

Part 4のまとめ

住宅の購入、所有、売却時には税金がかかります。株式などの金融商品の利益、損失、配当金にも課税されます。

- 土地や建物を購入すると印紙税、登録免許税、消費税がかかる
- 株取引は利益だけでなく損失に対しても税金がかかる
- 自動車を所有していると自動車税と自動車重量税がかかる

Part 5

「相続・贈与」にかかる税金

このPartでわかること

Part5では、相続と贈与の基礎知識、相続税のしくみと計算方法、相続税と贈与税の一体化について解説します。

●遺産相続の方法と順位、割合はどのように決まるのか
●相続税がかからない財産にはどのようなものがあるのか
●相続税と贈与税の一体化で何が変わるのか

相続の基礎知識

5-1

そもそも相続って何？

◆相続は、しくみがとても複雑でわかりにくいと思います。相続税について学ぶ前に、相続の知識を解説していきます。

相続のしくみを覚えておきたい

遺産相続は、死亡した方の財産（すべての権利や義務）を引き継ぐことをいいます。つまり、配偶者や子どもなどが死亡した方の財産をもらうわけです。

相続は、期限内に手続きや相続税の納付を行う必要があり、なるべく早く行動を起こさなければなりません。

とはいえ、遺産相続は、ある日突然訪れることも多いと思います。いざというときのためにも、相続の基礎知識を理解しておくほうがよいでしょう。

相続では、死亡した方を「**被相続人**」、財産をもらう方を「**相続人**」と呼びます。

相続は3つの方法に分けられる

相続の方法は、「単純承認」「限定承認」「相続放棄」に分けることができます。

①単純承認

相続人が被相続人のすべての財産を引き継ぐことです。当然、プラスとマイナスどちらの財産も引き継ぐことになります。

とくに何の手続きも行わなければ、単純承認となります。

マイナス財産になるのは、借入金などの現金のほか、ローンやクレジットカードの未決済分、未払いの税金や家賃なども含まれます。

たとえば、資産が５００万円で借金が１０００万円の場合の単純承認では、５００万円のマイナスになってしまいます。

プラスの相続財産が多いことが明らかな場合は、特別な理由がない限り単純承認として、プラス財産からマイナス財産を差し引いた残りの遺産を相続人の間で分け合うのが一般的です。

相続の３つの方法

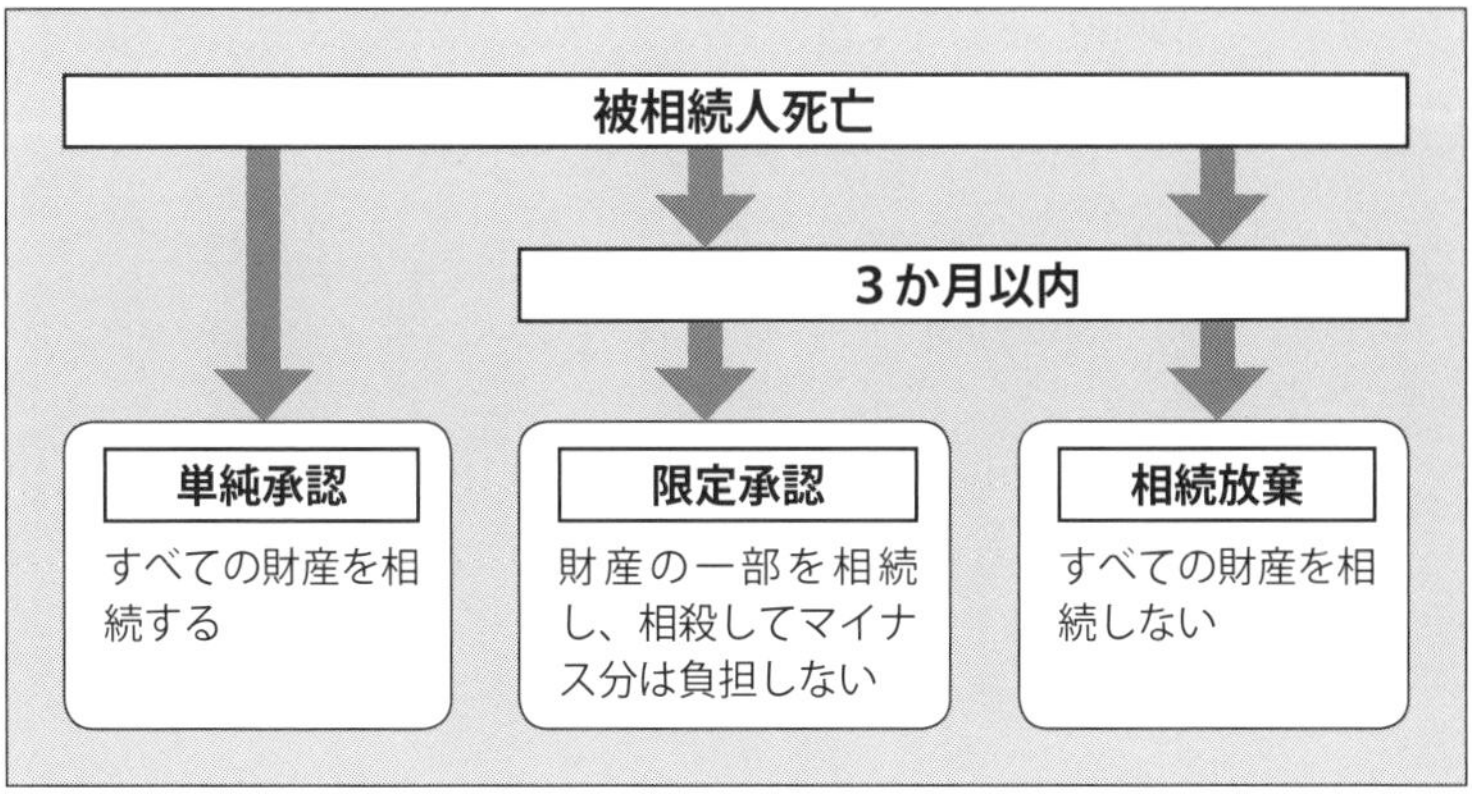
被相続人死亡
３か月以内
単純承認
すべての財産を相続する
限定承認
財産の一部を相続し、相殺してマイナス分は負担しない
相続放棄
すべての財産を相続しない

②限定承認

相続人が相続したプラスの財産の範囲内でマイナスの債務を引き継ぐことです。相続した財産以上に債務を引き受ける必要はありません。被相続人にプラス、マイナスどちらの財産が多いかわからない場合に有効な手段といわれています。

限定承認を行う場合は、相続人全員で家庭裁判所へ申立てを行う必要があります。申請期限は、相続人であると知った日から3か月以内ですが、延長することもできます。相続人が複数いる場合に限定承認を検討しているのであれば、早めに他の相続人と相談しておきましょう。

③相続放棄

相続人が被相続人の財産や債務を相続する権利を放棄することです。被相続人のプラス、マイナスどちらの財産も引き継がないのが相続放棄です。

マイナス財産が上回る場合に選択することが多いのですが、被相続人や他の相続人との関係が悪いなど、かかわりたくないといった心情的な理由で相続放棄する人もいます。

申請期限は、相続人であると知った日から3か月以内ですが、限定承認とは異なり、単独でも申立てをすることができます。

プラスの財産とマイナスの財産の例

プラスの財産	マイナスの財産
●不動産（土地・建物） ●宅地・居宅・農地・店舗・貸地 ●借地権・地上権・定期借地権 ●現金 ●預貯金 ●有価証券 ●小切手 ●株券 ●国債 ●社債 ●債権 ●貸付金 ●売掛金 ●手形債権 ●車 ●家財 ●骨董品・宝石・貴金属 ●ゴルフ会員権 ●著作権・特許権・商標権・意匠権	●借金 ●借入金・買掛金・手形債務・振出小切手などの支払債務 ●公租公課 ●未払の所得税、住民税、固定資産税 ●預かり金の返還債務 ●預かり敷金・保証金 ●その他債務 ●未払費用・未払利息・未払の医療費などの債務

相続人になる順位は決められている

相続人は、だれでもなれるわけではありません。「配偶者」と「子ども、親、兄弟・姉妹などの血縁関係にある親族」と、民法で決まっています。

相続人は相続する順位が決められていて、**順位が高い方が相続人**となります。相続開始時点で被相続人の配偶者がいる場合は、配偶者が相続人になります。ただし、内縁の妻や夫、離婚した元配偶者は対象外です。

配偶者以外に親族がいる場合は、子どもが第一順位の相続人になります。実子ではなく養子として迎え入れた子どもや、養子として他家に出した実の子ども、相続開始時点ではまだ誕生していない胎児も相続人とされています（死産の場合を除く）。非嫡出子も第一順位の相続人になりますが、子どもの配偶者は相続人の対象外となります。

被相続人に子どもがなく、配偶者と直系尊属がいる場合は直系尊属も相続人になります。相続開始時点で被相続人の父母、祖父母両方とも健在の場合は、被相続人に世代の近い父母だけが相続人となります。父母がいなければ祖父母、祖父母がいなければ曾祖父母と、相続人となります。

父母・祖父母など、自分より前の世代で血のつながった直系の親族をいいます。

子ども、直系尊属がいない場合や、子どもや直系尊属全員が相続放棄した場合は、被相続人の兄弟姉妹が相続人になります。この場合の兄弟姉妹は、父母を同じくする全血兄弟、父母のどちらか一方のみを同じくする半血兄弟です。兄弟姉妹が一人もいない場合は、兄弟姉妹の子(甥や姪)が第三順位の相続人となります。

相続人の順位

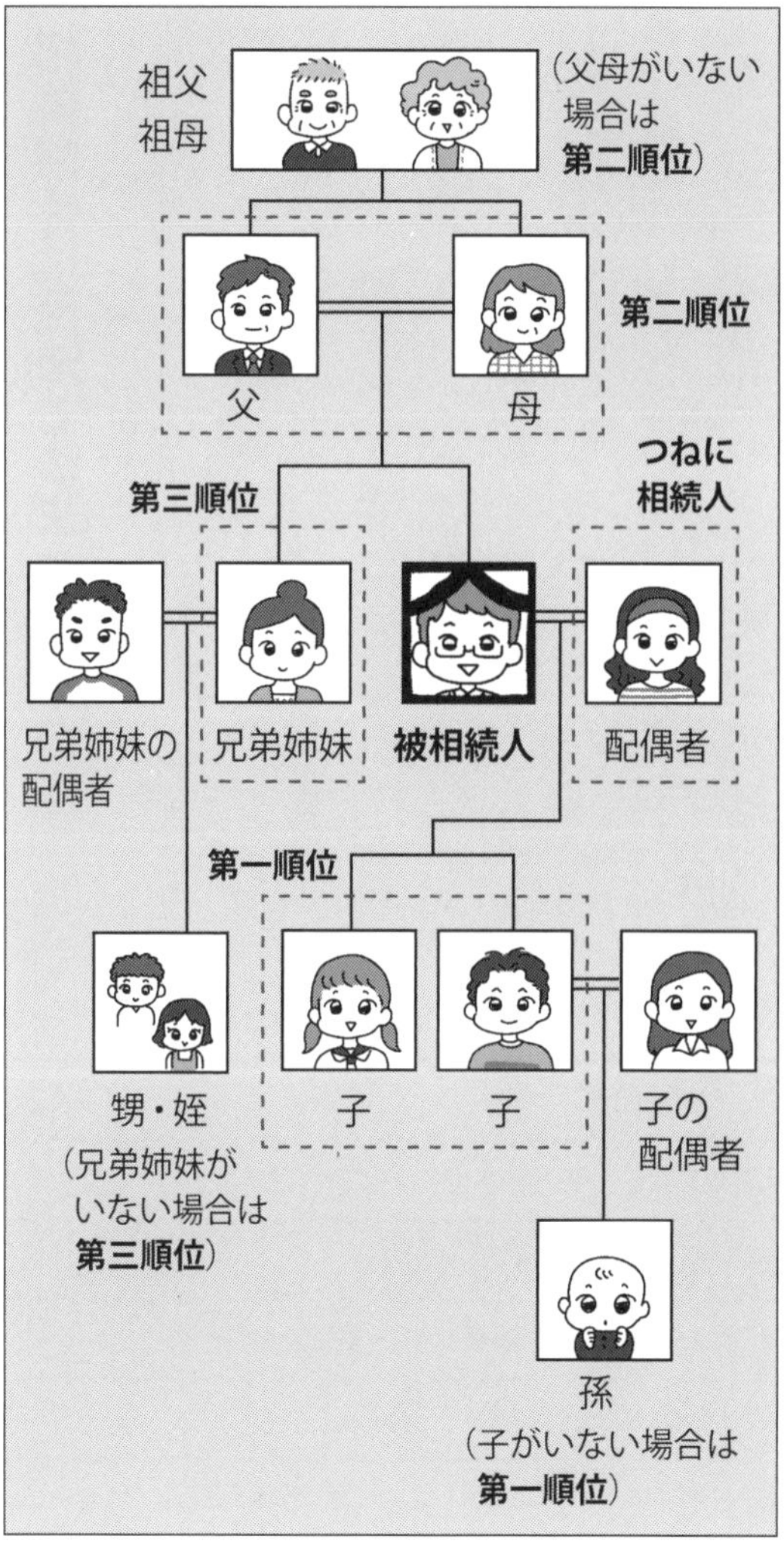

相続割合は民法で決まっている

では、だれがどれくらいの割合で財産を受け継ぐ(相続割合)のでしょうか。相続割合は民法で決められていて、これを「**法定相続分**」といいます。遺言書がない場合や、協議や調停で解決できなかった場合は、裁判官が法定相続分に従って遺産分割をします。

遺産をめぐって身内同士で対立するのはよく聞く話ですが、ご自分にも起こるかもしれませんので、知っておいて損はないでしょう。

相続割合は、配偶者がいる場合といない場合で大きく異なります。

配偶者と子どもがいる場合は、配偶者と子どもが遺産を1/2ずつ相続します(子どもが複数なら遺産の1/2を等しく分割)。

配偶者がいない場合は、子どもがすべての財産を相

法定相続分

配偶者のみ	すべて配偶者
配偶者と子ども	配偶者1/2、子ども1/2(人数で分ける)
子どものみ	子どもで分割(人数で分ける)
配偶者と直系尊属	配偶者2/3、直系尊属1/3(人数で分ける)
兄弟姉妹のみ	兄弟姉妹で分割(人数で分ける)
配偶者と兄弟姉妹	配偶者3/4、兄弟姉妹1/4(人数で分ける)

続します（子どもが複数なら等しく分割）。子どもがすでに死亡している場合は、孫が相続人になります。

配偶者がいて子どもがなく、直系尊属がいる場合は、配偶者が2/3、直系尊属が1/3を相続します（直系尊属が複数なら1/3を人数分で等しく分割）。

子どもや直系尊属がいない場合は配偶者が3/4、兄弟姉妹が1/4を相続します（兄弟姉妹が複数なら1/4を人数分で等しく分割）。

法定相続人がいない場合は、民法の「相続人不存在」の規定が適用されます。特別縁故者もいない場合は、最終的に国庫に帰属することになります。

遺言は法定相続分よりも優先する

相続では、法定相続分以外にも「**指定相続分**」というものがあります。これは、被相続人が、遺言によって遺産の分け方を指定した場合の相続分のことをいいます。指定相続分は、被相続人の生前の意思によるものであるため、法定相続分よりも優先して適用されます。

また、遺言書は所定の要件を満たしていなければ無効になります。自筆による遺言書、公証役場で作成する公正証書遺言などがあります。

5-2

相続税のかかる財産

相続税はどんなものにかかる？

◆相続税は、現金以外にも土地、建物、株券、自動車などにもかかります。意外なものでは、著作権や特許権などの権利関係が挙げられます。

相続税がかかる財産を覚えておこう

被相続人から相続人に引き継がれる財産のことを「**相続財産**」といいます。土地や銀行に預けているお金に相続税がかかるのは何となく想像がつくと思いますが、ゴルフ会員権や著作権にも相続税がかかることをご存知の方は少ないのではないでしょうか。このあたりを知っておかないと、相続税を少なくまたは多く支払ってしまうことになりかねません。

相続財産は、相続税がかかる財産と相続税がかからない財産に分けることができます。**金銭に見積もることができる財産は相続税の課税対象となる**と考えるとよいでしょう。

国内の財産だけでなく、国外にある財産も相続税の課税対象になります。被相続人の財産で家族の名義となっているものなども、相続税の課税対象です。

「みなし相続財産」ってどんなもの？

被相続人が死亡したことがきっかけで受け取る財産があります。たとえば、生命保険の死亡保険金、勤務先からの死亡退職金などですが、このような財産を「**みなし相続財産**」といいます。

死亡保険金は故人の死亡によって支払いが生じる財産のため、相続財産として相続税の課税対象になります。ただし、被相続人が保険料を負担している場合に限ります。保険料を相続人が負担している場合は、所得税や住民税が発生します。また、保険契約者と被保険者、受取人がすべて別人の場合は、贈与税がかかります。

死亡退職金も故人の死亡によって支払われる生前の功労への報酬であり、実質的な相続財産と見なされるため、課税対象になっています。

相続税の対象となるもの

現金	死亡する前に引き出した現金、自宅にある現金、貸金庫の現金など
預貯金	銀行など、金融機関に預けている預金や貯金など
有価証券	株券、小切手、国債など
不動産	自宅、土地、田畑、借地権、借家権など
動産	家財、宝石、自動車、骨董品など
債権	貸付金、売掛金など
その他	ゴルフ会員権、商標権、著作権、特許権など

相続税がかからない財産がある

ほとんどの財産は相続税の対象になりますが、死亡した方に専属的に帰属していた財産や、相続税法で相続税がかからないと規定されている財産（非課税財産）も少々あります。

①墓地、霊廟、仏壇・仏具、神具など祭祀に関するもの

お墓、仏壇などは祭祀財産といい、相続財産にはなりません。ただし、骨董的な価値があるものや、商品として所有しているものは対象になります。

②国や地方公共団体等に寄附した相続財産

相続人が相続で取得した相続財産を寄附した場合、その相続財産は非課税財産となり、相続税の課税対象外です。国や地方公共団体のほか、ユニセフや日本赤十字など、公益を目的とする事業を行う法人のいずれかに、相続税の申告期限までに寄附したものが対象になります。

③死亡一時金や未支給年金

公的年金機関から支払われるものは相続財産にはならずに、被相続人の配偶者や三親等内の親族が受け取ることができます。個人年金は相続税の対象です。

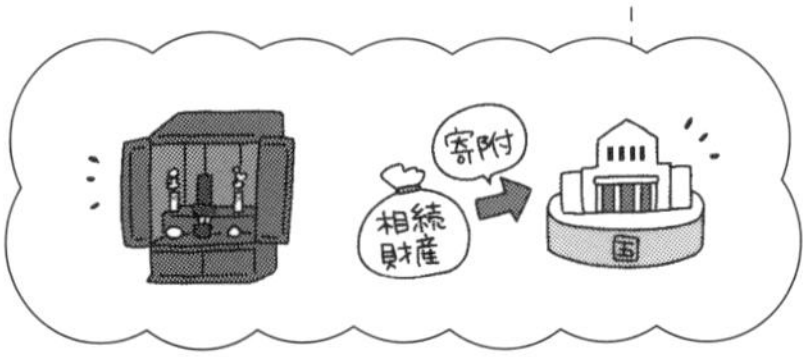

④葬祭費や埋葬費

国民健康保険や後期高齢者医療制度に加入していた方が死亡したときは、喪主などの葬式を行った方に自治体から葬祭費が支給されます。会社員の場合は、会社が加入する健康保険組合などから埋葬料が支給されます。これらも相続財産にはなりません。

⑤保険金などの一定部分

非課税上限額＝法定相続人の人数×５００万円

⑥退職金などの一定部分

非課税上限額＝法定相続人の人数×５００万円

相続税の申告書を提出して相続税を支払う

相続の手続きを行う機会は、一般的にそう多くはないと思います。機会が少ないうえ、ルールや手順も細かく定められていて神経をつかいます。

相続税の申告は、相続があったことを知った日の翌日から10か月以内に、管轄する税務署へ行う必要があります。期限までに手際よく準備を進めていくために、被相続人が死亡してから相続税の申告・納付までの手続きを見ていきましょう。

申告期限までに行うことは、次の2つです。

①「相続税申告書」を被相続人の最後の住所地を管轄する税務署に提出する

②「相続税」の支払いを完了する

申告書の提出期限を過ぎて申告と納税をした場合は、原則として加算税及び延滞税がかかります。

相続の手続きの流れ

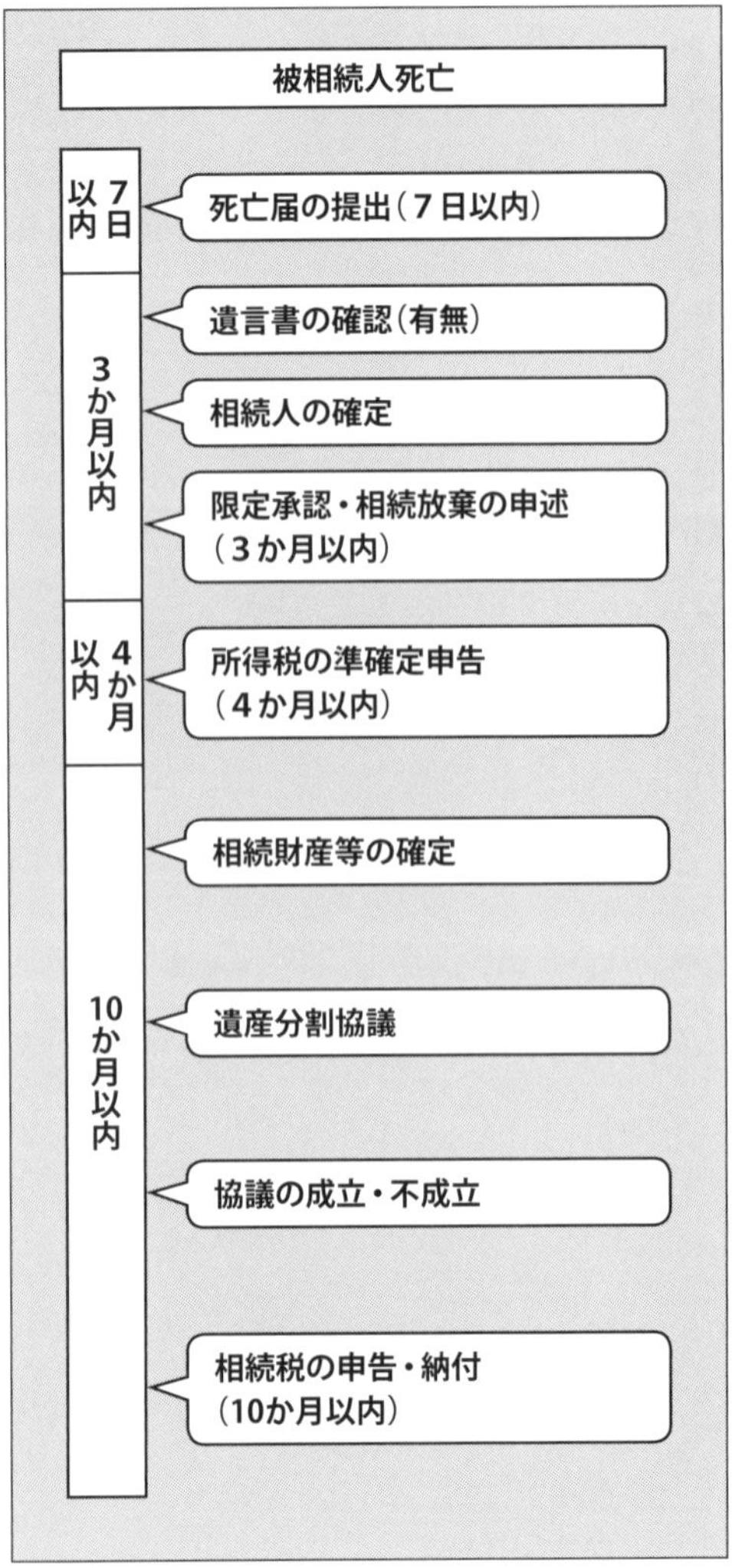

5-3

相続税の計算方法

相続税はどのように出す？

◆相続税を計算するためには、まず課税される遺産総額を出さなければなりません。その後、相続割合や控除などを考慮します。

相続税の計算は収入と所得の関係のようなもの

相続税は、死亡した方がのこした財産すべてにかかるわけではありません。**一定の金額を超えた部分に対して相続税がかかります。**

遺産総額（相続財産）は、被相続人が死亡した日に所有していた「プラスの財産」を足すだけではなく、「正味の遺産総額」を計算する必要があります。

正味の遺産総額は、「相続時精算課税による贈与財産」を足し、「債務や未払金」「非課税財産」や「葬儀費用」などを差し引いたうえで、「相続開始前3年以内の贈与財産」を足した総額になります。

相続税計算のもとになる「正味の遺産総額」

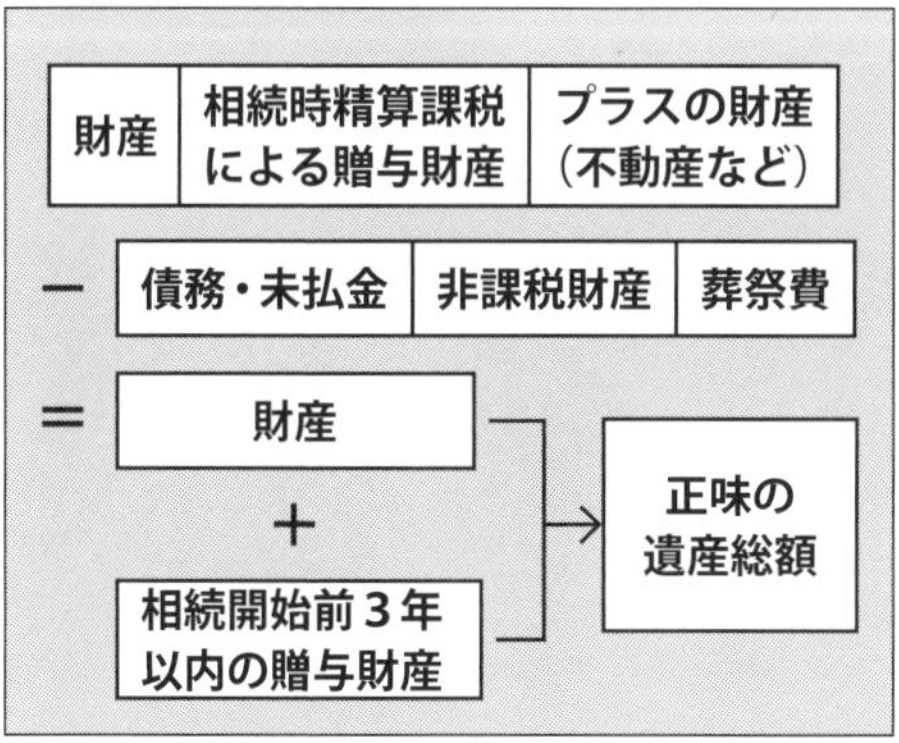

課税遺産相続額を計算してみよう

正味の遺産総額が出たら、次に課税遺産相続額を計算します。これは、遺産総額から基礎控除額を差し引いた金額です。

基礎控除額は3000万円＋600万円×法定相続人の人数です。相続人1名当たりの相続財産が3600万円以上の場合、3600万円を超える部分だけに相続税がかかり、それ以下の場合は相続税がかかりません。**3600万円が税金を支払うかどうかの分岐点になる**わけです。

課税遺産総額が出たら、次は各相続人の課税遺産額を計算します。

相続人が配偶者と子ども2人の場合は、配偶者が1/2、子どもは各1/4です。そこから配偶者の税額軽減など、各種の税額控除を差し引いて、実際に納める税額を計算します。

たとえば、夫婦2人、子ども2人の家族構成で、夫が亡くなった場合、課税価格が1億円だったとすると、

1億円－4800万円(3000万円＋600万円×3)＝5200万円

となります。つまり、5200万円に対して相続税がかかるということです。

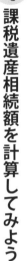

相続税の計算方法

＊右ページの家族の場合
①課税遺産総額を法定相続分で分ける
妻：5,200万円×1/2＝2,600万円
子1：5,200万円×1/4＝1,300万円（子2も同様）
②それぞれに相続税率をかけ、控除額を引く
妻：2,600万円×15%－50万円＝340万円
子1：1,300万円×15%－50万円＝145万円（子2も同様）
③②で求めた各相続人の相続税額を合算する
340万円＋145万円×2人＝630万円
④遺産の取得割合に応じて計算する
相続財産1億円のうち、妻が5,000万円、子1が3,000万円、子2が2,000万円と分けたとすると、
妻：630万円×0.5＝315万円
子1：630万円×0.3＝189万円
子2：630万円×0.2＝126万円
課税される相続税額が出たら、これから各人に当てはまる税額控除を差し引いた額が最終的な納税額になります。結果として相続税が0円になる場合でも、相続税の申告が必要な場合がありますので注意してください。

相続税の速算表

法定相続分に応ずる取得金額	税率	控除額
1,000万円以下	10%	―
1,000万円超3,000万円以下	15%	50万円
3,000万円超5,000万円以下	20%	200万円
5,000万円超1億円以下	30%	700万円
1億円超2億円以下	40%	1,700万円
2億円超3億円以下	45%	2,700万円
3億円超6億円以下	50%	4,200万円
6億円超	55%	7,200万円

相続税の主な税額控除

①配偶者控除

配偶者が遺産分割や遺贈により実際に取得した正味の遺産額が1億6,000万円までか、配偶者の法定相続分相当額までのいずれか多い額までは税負担が生じないことになっています。なお、配偶者控除を受けるためには、相続税の申告書の提出が必要です。

②未成年者控除

相続人が18歳未満の場合は、18歳に達するまでの年数1年につき10万円が控除されます。ただし、令和4(2022)年3月31日以前の相続や遺贈については「20歳」となります。

③障害者控除

相続人が障害者の場合は、85歳に達するまでの年数1年につき10万円(特別障害者の場合は20万円)が控除されます。

④暦年課税に係る贈与税額控除

正味の遺産額に加算された「相続開始前3年以内の贈与財産」の価額に対する贈与税額が控除されます。

⑤相続時精算課税に係る贈与税額控除

遺産総額に加算された「相続時精算課税の適用を受ける贈与財産」の価額に対する贈与税額が控除されます。なお、控除しきれない金額がある場合は、申告することにより還付を受けることができます。

5-4

贈与の基礎知識

財産を譲られるのが贈与？

◆贈与は生前に財産をもらうことをいいます。相続は死後に財産を引き継ぐことですので、違いを把握しておきましょう。

財産をもらうのが生前か、死後か

贈与税は個人から財産をもらったときにかかる税金で、財産を受け取った人（受贈者）に支払い義務が生じます。

ただし、贈与税には連帯納付義務が設けられているため、税務署が受贈者に支払い能力がないと判断した場合は、財産を贈与した人（贈与者）が贈与税を支払わなければなりません。

相続税と混同しがちですが、相続税は死亡したときに相続や遺言で財産をのこすこと（遺贈）により、配偶者や子どもに財産が移転した際に課される税金のことです。

対して贈与税は、生きている人から財産をもらったときに、受け取った人に課される税金です。つまり、財産を生前にもらうのか死後にもらうのかが違うのです。

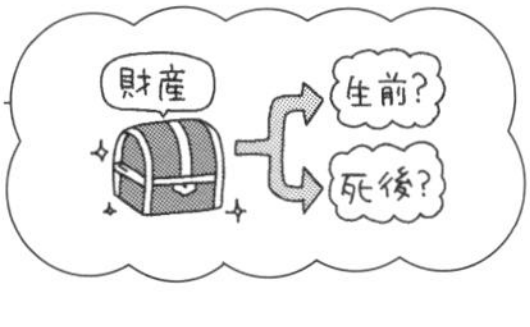

年間110万円までなら税金はかからない

贈与税の対象となるのは、「その年の1月1日から12月31日までにもらった財産の合計金額」ですが、この合計金額のうち、110万円までは課税されません。

10万円を超える金額について課税されるわけですが、これを「**暦年課税**」といいます。

贈与税は超過累進税で、贈与を受けた財産が増えるにつれて徐々に贈与税が増えていきます。

課税標準が一定額を超える部分に対してのみ高い税率がかかる制度。所得税や相続税もこの方式。

贈与税には、特例贈与財産と一般贈与財産があります。

特例贈与財産は、父母や祖父母などの直系尊属から贈与を受けた場合に適用します。一般贈与財産は、特例贈与財産に該当しない場合となります。

この2つでは、贈与税の税率が少し違います。

贈与税の計算例

50歳の子どもが75歳の親から500万円の贈与を受けた場合の贈与税の計算方法（特例贈与財産を適用）

- 課税の対象となるのは、500万円全額ではなく、基礎控除の110万円を差し引いた390万円が対象になります。
- 390万円に税率の15%（左ページ上表）をかけた金額から控除額を引いた金額が贈与税となります（この場合、48万5000円）。
  500万円－110万円 ＝ 390万円
  390万円×15%－10万円 ＝ 485,000円

贈与税の速算表

●特例贈与財産の場合

基礎控除後の課税価格	税率	控除額
200万円以下	10%	−
200万円超400万円以下	15%	10 万円
400万円超600万円以下	20%	30 万円
600万円超1,000万円以下	30%	90 万円
1,000万円超1,500万円以下	40%	190 万円
1,500万円超3,000万円以下	45%	265 万円
3,000万円超4,500万円以下	50%	415 万円
4,500万円超	55%	640 万円

●一般贈与財産の場合

基礎控除後の課税価格	税率	控除額
200万円以下	10%	−
200万円超300万円以下	15%	10 万円
300万円超400万円以下	20%	25 万円
400万円超600万円以下	30%	65 万円
600万円超1,000万円以下	40%	125 万円
1,000万円超1,500万円以下	45%	175 万円
1,500万円超3,000万円以下	50%	250 万円
3,000万円超	55%	400 万円

暦年課税の使い方次第で贈与税を大幅に節約できる

贈与税を節約したいときは、前述した暦年課税の使い方がポイントです。

毎年コツコツと暦年課税による贈与を行えば、**5年間で最大550万円、10年間で最大1100万円まで課税されずに財産贈与ができる**のです。

暦年課税に贈与者数の規程はありません。何人に贈与してもかまいません。ですから、4人の子や孫などへそれぞれ年110万円の贈与を行えば、1年間で最大440万円まで贈与税は課税されません。

さらに前述の例でいうと、10年間で最大4400万円まで贈与税が課税されずに贈与することができます。

ただし、最初から1人に1100万円を贈与するため計画的に毎年110万円ずつ贈与すると、「定期贈与」に当たるとして1100万円に対して贈与税が課税される場合があります。

なお、いま挙げた例は、贈与を受ける側が他の人から財産をもらうことを考慮していません。

相続時精算課税なら2500万円まで非課税

贈与に対する課税方法には、暦年課税のほかに「**相続時精算課税**」があります。

毎年110万円以内の金額は税金がかからずに贈与することができるのが暦年課税でしたが、相続時精算課税制度は一時期に2500万円以内の金額を贈与することができるのです。

一度、相続時精算課税制度を利用すると、贈与税の110万円までの年間控除を受けることができなくなります。さらに、状況が変わったとしても、相続時精算課税制度から暦年課税に戻ることはできません。

また、暦年課税の場合は、110万円以内であれば税務署に贈与税の申告をする必要はありませんが、相続時精算課税制度の場合は、贈与額にかかわらず、贈与を行った場合は申告をしなければなりません。

仕送りは贈与になるか、ならないか

子どもの進学に伴い、親元を離れるケースは少なくありませんが、アルバイトだけで学費や生活費を稼ぐことは難しいでしょう。

1年間の仕送り額が110万円を超えた場合、「子どもへの贈与にならないか？」と思われている方も多いのではないでしょうか。

基本的に、次の場合は贈与税がかからずに、確定申告をする必要もありませんので安心してください。

①生活費として毎月一定額を仕送り
②扶養義務として子どもや三親等以内の親族に仕送り
③親族の介護費用や通院費用を仕送り
④結婚の準備資金を仕送り

老齢の両親や親族に仕送りしている場合も同様です。

とはいえ、生活費だからといっても高額の仕送りや、結婚の準備資金に多額の金額を仕送りすると、贈与に該当する場合があります。そうなると、受贈者（贈与を受けた人）が申告・納税しなければなりません。

自分ではセーフと思っても、法律上はアウトになるケースがありますので、十分に注意してください。

5-5

相続税と贈与税の一体化

令和5年度の税制改正で何が変わる？

◆節税を考えるとき、生前贈与はとても有効な方法でした。ところが、税制改正で少し暗雲が立ち込めてきました。

相続税と贈与税の一本化の目的は？

生前贈与は、相続税を節税するための方法として利用されている一面がありますが、ここ数年、相続税と贈与税の一体化が論じられるようになっています。

若年世代への資産の移転を進めることは経済の活性化にもつながるため、早いタイミングで資産を受け渡すことが望ましいとされています。**富裕層が生前贈与を行うことで相続税を逃れるのを防ぐのが税の一本化の狙い**でもあります。

税金はシンプルなほうが徴収する側も納税する側もわかりやすいと思いますので、個人的には相続税と贈与税の一本化には賛成です。

令和5（2023）年の税制改正のポイント

令和5（2023）年の贈与に関する税制改正は、次のような内容です。

①生前贈与加算が3年から7年に延長

従来は、相続するときに、「生前に贈与された財産のうち、3年前までの贈与額」が相続財産に加算されていたのですが、今回の改正により、7年前までに贈与した分が相続財産に加算されることになりました。

たとえば、死亡する10年前から毎年110万円ずつ暦年贈与していたとすると、これまでは直前3年分の330万円だけが相続財産に加算されたのに対して、法改正後は770万円から100万円を控除した670万円が加算されてしまいます。つまり、暦年贈与を続けている途中で死亡すると、節税効果は半減してしまいます。

とはいえ、早く贈与を開始して、贈与をした方が元気でいれば、暦年贈与のメリットはこれまで通り十分にあります。

②相続時精算課税制度に110万円の非課税枠が新設

２０２４年1月以降の贈与については、現行の特別控除額２５００万円とは別に、110万円の基礎控除が適用されます。暦年課税と同様に、年110万円以下の贈与であれば贈与税はかからずに、確定申告も必要ありません。

また、相続税の課税価格に含まれるのは、贈与財産から基礎控除を差し引いた残額になります。

節税対策に有効な制度

①贈与税の配偶者控除 最大2,000万円	②結婚・子育て資金の一括贈与 最大1,000万円
③教育資金の一括贈与 最大1,500万円	④住宅資金の贈与 最大1,000万円

Part 5のまとめ

相続の方法、相続人の順位、相続割合などの基礎を理解してから相続税を算出します。贈与は生前に譲り受けた財産をいいます。

- **相続には「単純承認」「限定承認」「相続放棄」の３つの方法がある**
- **相続人になる順位、相続割合は法律で決まっている**
- **死亡した方の財産は一部を除き相続税の対象になる**

その他の税金①

入湯税～スーパー銭湯や健康センターにも

意外と知られていない日本特有の税金に、地方税の一つである「入湯税」があります。主に温泉を使った入浴施設に行き、温泉に入ったときに発生する税金です。温泉がある施設すべてで徴収されており、具体的には旅館やホテル、スーパー銭湯、健康センターなどを利用すると請求されます。

ただし、銭湯などの一般公衆浴場に当たる施設では、入湯税は免税になっています。基本税額は150円で、温泉の利用料金などにすでに上乗せされているので、ふだんは意識していない方も多いかもしれません。

入湯税として徴収されたお金は、観光施設の振興などに使うことが法律で義務づけられています。地方税でありつつ、目的税の意味合いもあります。

その他の税金②

宿泊税～観光振興を目的に誕生した

これも、ふだんは意識していない税金の一つです。目的は観光振興で、地方自治体が地域の魅力を高めて観光を盛んにするために、独自に定めた税金ということです。そのため、宿泊税を導入している自治体と導入していない自治体があります。

宿泊税は、2002年に東京都ではじめて導入されました。これ以前にも、料理飲食等消費税、特別地方消費税といった一定金額を超える遊興、飲食、宿泊にかかわる料金に対して徴収する税がありました。

しかし、消費税との二重課税の観点から2000年に廃止され、その代わりに誕生したのが宿泊税です。その後、2017年、大阪府でも宿泊税が導入され、これ以降、宿泊税の検討・導入が全国で広がりました。

納税方法は、納税義務者である宿泊者個人が地方自治体に直接支払うのではなく、宿泊施設の経営者が宿泊料金と合わせて宿泊者から宿泊税を徴収し、後日、地方自治体に申告・納付する特別徴収の形式になっています。

その他の税金③

ワンルームマンション税～自治体の特有の事情から誕生した

正式名を「狭小住戸集合住宅税」といい、東京都豊島区で導入されています。

狭小住戸集合住宅、いわゆるワンルームマンションを建築する際に、建築業者に課税する税金です。税額は、狭小住戸1戸につき50万円となっています。豊島区は、全世帯における単身世帯の割合が半分を超えており、住宅におけるワンルームマンションの割合も東京23区で最も高い自治体です。ワンルームマンションが多い反面、ファミリー向けのマンションや住宅がとても少なく、こうした偏った住宅事情を改善するために、ワンルームマンション税が導入されました。

こうしたユニークな税金は、世界各国にあります。

たとえば、ハンガリーには「ポテトチップス税」があります。スナック菓子や清涼飲料水など、塩分や糖分の多い食品にかけられる税金で、国民の肥満防止に効果があると期待されています。

また、イギリスのロンドン市は、道路の渋滞を解消するために「渋滞税」を導入しました。決められた区間を走る車はお金を支払う必要があります。

「節税」につながるお得な制度①

iDeCo（イデコ）

◆対象者が広がり便利になった

iDeCo（イデコ）は「個人型確定拠出年金」の愛称で、私的年金制度の一つです。公的年金とは異なり、加入は任意で、加入の申込み、掛金の拠出、掛金の運用はご自身で行い、掛金とその運用益との合計額をもとに給付を受け取ることができます。かつては自営業者、個人事業主及び一部の会社員しか加入できませんでしたが、現在はすべての会社員が加入できるようになっています。

◆iDeCoは毎月5000円から始められる

自分で掛金を出し、運用方法を決め、その成果を受け取るiDeCoですが、行うのは運用そのものではなく、あくまで「運用方法を選ぶこと」です。投資信託に近いしくみですね。

掛金は毎月5000円からと低額で、1000円きざみで金額を設定できるのが特長です。掛金は、職業によって上限額が定められています。

掛金を元手に運用した後、60歳以降に運用して得た利益分を含む金額（資産）を、年金または一時金として受け取ることができます。満期までに最低10年の拠出が必要になりますので、たとえば55歳からiDeCoを始めた場合、年金の受け取りは65歳以降となりますのでご注意ください。

運用方法は「投資信託」と「元本確保型商品（定期預金・保険）」に分けられ、運用する商品を選ぶことができます。

iDeCo加入対象者と拠出上限額

加入対象者	拠出上限額
20歳以上60歳未満の自営業者、フリーランス、学生など（国民年金第1号被保険者）	月額 68,000 円
会社員、公務員などの厚生年金の被保険者（国民年金第2号被保険者）	月額 12,000 円～ 23,000 円
厚生年金の被保険者に扶養されている20歳以上60歳未満の配偶者（国民年金第3号被保険者）	月額 12,000 円～ 23,000 円

iDeCoのイメージ

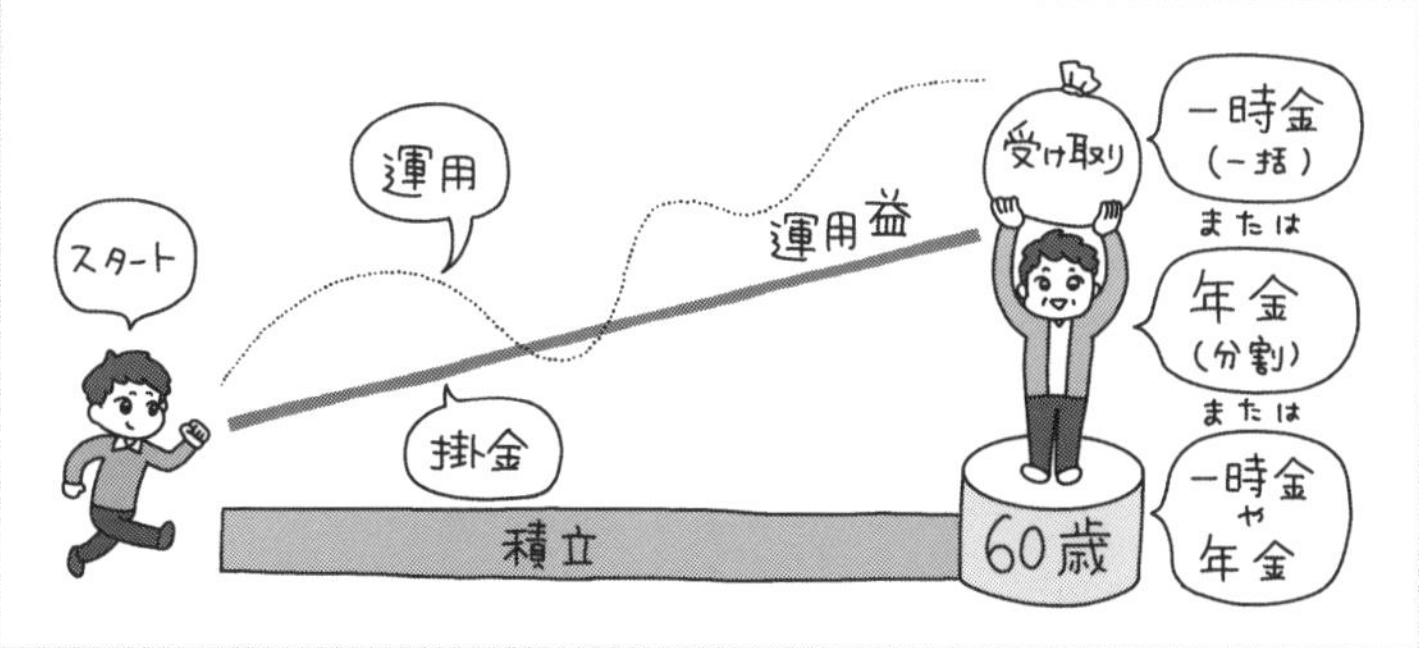

◆iDeCoの節税効果は主に3つ

「節税効果が高い」ということで、会社員をはじめ多くの方から注目を集めているiDeCoですが、イメージが先行して、具体的な内容までご存知の方は多くないようです。

iDeCoには、「掛金を積み立てたとき」「積み立てたお金が増えたとき」「60歳以降にお金を受け取るとき」の3つのタイミングで節税メリットがあります。

掛金を積み立てたときのメリット

掛金を全額、所得控除できることです。収入から掛金を控除するとその分だけ課税対象となる所得額が少なくなるため、支払う所得税と住民税も軽減されます。所得控除が利用できる金融制度には生命保険料控除がありますが、控除額の上限が決まっていて、iDeCoのように掛金全額を控除することはできません。早く始めるほど、掛金全額所得控除によるメリットは大きくなります。

積み立てたお金が増えたときのメリット

積立金が増えれば得をするのは当然ですが、iDeCoの場合は少し違います。

iDeCoはご自身でどの商品に積立をするか選択することになりますが、その商品は預金と投資信託に分かれます。預金では利息が、投資信託では運用益が期待できます。

利息にしても運用益にしても、増えたお金に対しては、換金した時点で約20％の税金がかかります。ところが、iDeCoではその課税がなく、普通に運用した場合に比べて、手元に残るお金が大きく増えます。

たとえば、運用益が100万円の場合、本来なら約20万円の税金がかかり手元に残るのは80万円程度ですが、iDeCoの場合は、運用益に課税されることなく100万円全額を受け取ることができます。

お金を受け取るときのメリット

所得税控除を利用できることです。一時金で受け取る場合は「退職所得控除」、年金で受け取る場合は「公的年金控除」、一時金と年金を組み合わせて受け取るときは「退職所得控除」と「公的年金控除」を利用して所得控除を受けることができます。

iDeCoは、支払った全額が所得控除の対象になり、運用益も非課税、さらにお金を受け取るときにも所得控除の対象になるわけです。

原則として、60歳まで積み立てたお金を引き出すことができず、途中解約もできないことをデメリットとして指摘する声もありますが、そもそも年金は老後に使うためのお金ですので、本来は60歳まで引き出せなくても困らないはずです。メリットのほうがはるかに大きいので、できるだけ早く活用することをおすすめします。

「節税」につながるお得な制度②

NISA（ニーサ）

◆NISAの利益には税金がかからない

NISAは、「個人向け貯蓄口座」という意味で、平成26（2014）年に始まりました。年間120万円までの非課税枠があり、この枠内で購入した金融商品を売却したときの値上がり益（譲渡益）と配当金（分配金）には税金がかかりません。

通常の株式投資などで得られた譲渡益には、約20％の税金がかかります。たとえば、10万円の利益が出た場合は、約2万円が税金として徴収され、手元に残るのは約8万円です。しかし、NISAでは、10万円全額が手元に残ることになります。

現行のNISAでは、非課税適用期間は最長5年、年間120万円まで投資可能です。そのため、非課税投資総額は最大で600万円となります。

◆「つみたてNISA」は低額からの投資が可能

NISAには、「一般NISA」、「つみたてNISA」、子どものための「ジュニアNISA」の3種類がありますが、「ジュニアNISA」は2023年に制度が終了することが決定しています。

つみたてNISAは、若い世代や投資初心者の利用を促すために、低額からの長期・積立・分散投資に特化した制度です。非課税期間は20年と一般NISAの5年より長期に設定されている半面、年間投資上限額は40万円と、一般NISAより低く設定されています。

NISAを利用するためには、金融機関でNISA口座を開設しなければなりません。日本に住む

20歳以上の方（2023年1月1日以降は18歳以上の方）であれば口座を開設することはできますが、NISA口座は1人1口座しか開設できません。つみたてNISAと一般NISAの併用はできないため、どちらかを選ぶ必要があります。

現行のNISAの概要

	一般NISA	つみたてNISA	ジュニアNISA
対象年齢	18歳以上（2023年以降）	18歳以上（2023年以降）	18歳未満（2023年以降）
非課税保有期間	5年	20年	5年
年間非課税枠	120万円	40万円	80万円
投資対象商品	上場株式、ETF、公募株式投信、REITなど	一定の投資信託（長期の積立・分散投資向きのもの）	上場株式、ETF、公募株式投信、REITなど

一般NISAのイメージ

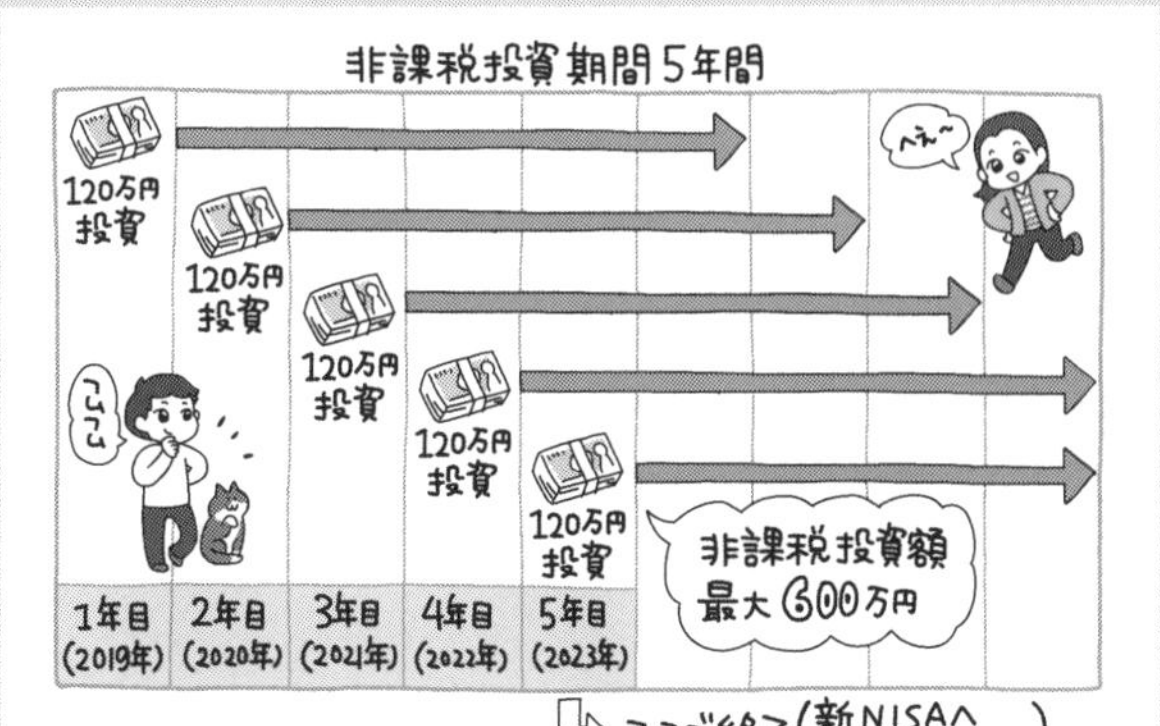

◆NISAの主なメリット

①配当金や分配金、譲渡益が非課税

投資で得た収益（配当金・分配金や譲渡益など）を、一般NISAの場合は最長5年間、つみたてNISAの場合は最長20年、非課税で受け取ることができます。通常ならば約20％分税金で引かれるところを、一般NISAを利用すれば、利益をそのまま資産にすることができます。もしくは利益分を運用に回せば、より多くの収益を得ることができる可能性があります。

②確定申告不要

NISA口座内で金融商品に投資して得た利益は「非課税所得」ですから、利益を得ても確定申告をする必要はありません。ただし、課税対象の証券口座などを別に持っていて、そちらでも取引をしている場合は確定申告が必要ですので注意しましょう。

◆「新NISA」はどこが変わる？

一般NISAは、2023年までの時限措置制度として始まりましたが、税制改正によって令和6（2024）年「新NISA」として生まれ変わります。新NISAの利用条件やルールは現行のものと基本的に同じですが、いくつか変更点があります。

「つみたて投資枠」と「成長投資枠」の併用が可能

大きな変更点は、一般NISAに該当する「成長投資枠」とつみたてNISAに該当する「つみたて投資枠」の併用が可能になることです。

年間投資枠は「つみたて投資枠」が上限120万円、「成長投資枠」は上限240万円の合計360万円と拡大します。また、生涯非課税保有上限枠として設定された1800万円のうち、成長投資枠の上限が1200万円となります。

期間制限の撤廃

一般NISAが2023まで、つみたてNISAが2042年までの期間制限が撤廃され、いつでも好きなタイミングで投資を始められるようになりました。

非課税保有期間が無期限に

これまでは。非課税保有期間が到来すると、必要がないのに売却してしまうということがありました。新NISAでは、より長期の投資や保有ができるようになり、資産形成という点でも使いやすくなると思います。

新NISAの概要

つみたて・成長の併用可

	つみたて投資枠	成長投資枠
対象年齢	18歳以上	18歳以上
非課税保有期間	無期限	無期限
年間投資枠	120万円	240万円
非課税保有上限額	1,800万円	
		（内数1,200万円）
投資対象商品	一定の投資信託（長期の積立・分散投資向きのもの）	上場株式、投資信託など

＊2023年末までに現行の「一般NISA」や「つみたてNISA」に投資した商品については、「新NISA」の別枠となり、現行制度の非課税措置が適用されます。

●著者
さんきゅう倉田（さんきゅう・くらた）

芸人。ファイナンシャルプランナー。1985年神奈川県生まれ。
大学卒業後、国税専門官採用試験を受けて東京国税局に入局。同局退職後、吉本興業の養成所NSCに入学し、芸人となる。Twitterなどで発信した税やお金の情報が話題となり、執筆や講演等の仕事を増やす。以来芸人として活動し、現在は税理士会、法人会などでの講演に加え、『週刊東洋経済』『東洋経済オンライン』『ダイヤモンド・オンライン』『プレジデント・オンライン』『マイナビニュース』『税と経営』などでも税や経済についての記事を執筆、好評を得ている。
2023年東京大学文科二類に合格し、東京大学に在学中。
著書に『元国税職員のお笑い芸人がこっそり教える 世界一やさしいお金の貯め方増やし方 たった22の黄金ルール』（東洋経済新報社）、『元国税芸人が教える！　フリーランスで生きていくために絶対知っておきたいお金と税金の話』（あさ出版）、『お金リテラシー超入門 だまされて大損しないために！　15歳から知っておきたい』（主婦と生活社）などがある。

STAFF
●構成　松野孝司　●イラスト　酒井由香里　●編集協力・デザイン　knowm
●撮影　成瀬祐介（写真事務所VIVO）　●装丁　山本史子（ダイアートプランニング）

元国税局芸人が教える　わかる、得する！ 超やさしい税金の教科書

2023 年 7 月 11 日　第 1 刷発行

著　者　さんきゅう倉田
発行人　土屋 徹
編集人　滝口 勝弘
企画編集　亀尾 滋
発行所　株式会社Gakken
〒141-8416　東京都品川区西五反田２－11－８
印刷所　中央精版印刷株式会社

〈この本に関する各種お問い合わせ先〉
・本の内容については、下記サイトのお問い合わせフォームよりお願いします。
https://www.corp-gakken.co.jp/contact/
・在庫については　Tel 03-6431-1201（販売部）
・不良品（落丁、乱丁）については　Tel 0570-000577
学研業務センター　〒354-0045 埼玉県入間郡三芳町上富279-1
・上記以外のお問い合わせは　Tel 0570-056-710（学研グループ総合案内）